ラクサフ

サラリーマンを「副業」にしよう

俣野成敏＝著

プレジデント社

目次

ペルソナのつくり方

ABC理論で、ビジネスのコンセプトを固める

商売の肝は、「見込客リスト」にあり

悩みどころは「何を売るか?」ということ

自分にとっていいもの#売りモノ

「売れる仕組みづくり」には3つのステップがある

セールスに失敗しても、人間関係は崩れない

どのようにすれば「売れる」になるのか?

セールスで稼げない人の3つの共通点とは?

〝アフターコロナ〟時代のセールスを考える

第5章　独立も視野に入れる

はじめに

今、なぜ「副業」なのでしょうか？

かつての副業は、「サラリーマンの仕事の合間に、こっそり行う小遣い稼ぎ」というう、どこか人目をはばかるような響きがありました。それが一転して、政府まで「副業解禁」といったスローガンを掲げて後押しするくらいに、世間の興味・関心が高まっています。

「お金のため」と言ってしまえばそれまでですが、実際のデータ上でも、人々がそう思うだけの数字が出ています。

はじめに

総務省統計局が毎年、発表している「家計調査年報（家計収支編）２０１８年／２０１７年」によると、２０１８年の二人以上の世帯のうち、勤労者世帯の実収入は、１世帯当たり１ヶ月平均で55万８７１８円でした。これは、10年前の２００８年（実収入53万４２３５円）に比べて高くなっています。

当然、可処分所得（実収入から直接税・社会保険料などの非消費支出を差し引いた金額）も、２００８年の月平均44万２７４９円よりも、２０１８年は45万５１２５円と多くなっています。

ところがその分、直接税・社会保険料などの非消費支出も増加しており、２００８年の９万１４８６円から、２０１８年は10万３５９３円へと桁が１つ上がり、実収入に対する比率も、17・１％から18・５％へと増加しています。

つまり、この10年間で、日本人の実収入は年間２万４４８３円しか増えていないのに、その増えた分ですら、約半分が直接税や社会保険料として徴収されてしまっている、というイメージです。しかも、２０１９年10月１日から消費税が８％から

10%に引き上げられていますから、手取りが上がった感じがしないのは無理もないことです。

それだけではありません。

現在、サラリーマンの定年とされている65歳が、以後は延長されることが確実視されています。公的年金の受給開始も、現状で60~70歳の選択制になっているところを、2022年度より、75歳までの選択制に変更することが決まりました。

私たちは、社会保険を支える担い手として、65歳以降も働き続けなければならない一方、年金の支給開始はどんどん遠くなり、しかも制度の財政的理由から、支給額の減額も避けられない情勢です。

さらに、定年が延びる以上に、人間の寿命が延び続けている実情があります。この現実を前にして、人々がそれに対応できているとはいえません。

厚生労働省が毎年行っている国民生活基礎調査2016年（大規模調査）によると、世帯主の年代別に、1世帯当たりの平均貯蓄額から平均借入額を引いた額が、50～59歳で468万円、60～69歳が1085・7万円、70歳以上が1125・9万円でした（熊本県を除く）。

残念ながら、一時期、世間を賑わした〝老後資金2000万円不足〟問題は、いまだに解消されたとは言い難い状態です。

こうした諸々の理由から、

「このままで大丈夫なのか？」

「何かをしなければ」

と、考える先にある、有望な選択肢の一つが「副業」です。

今、副業を検討しているあなたは、正しい選択をしています。私も、まったく同じことを考え、副業を経て独立し、今に至っています。

実は、こうしてビジネス書を書くようになったのも、もとはといえば副業の一環として始めたものです。当時、私はサラリーマンとして働きながら、日々のビジネスノウハウを書き溜めておき、それを書籍として出版しました。

それが、２０１１年11月に出版した『プロフェッショナルサラリーマン：「リストラ予備軍」から「最年少役員」に這い上がった男の仕事術』（プレジデント社）でした。

幸いなことに、出版社の強力な後押しなどもあって、デビュー作はベストセラーとなり、２０１２年amazon.co.jpの年間ランキング（ビジネス・自己啓発）で33位に入賞する快挙を成し遂げました。

もともと私は、いわゆる生まれながらの起業家ではありません。サラリーマン生活は19年間に及び、独立したのは41歳ですからけっして早い方ではありません。

きっかけは、サラリーマンとして勤める会社が50年ぶりの赤字を出し、リストラの大改革を行ったこと。当時30歳だった私は会社のリストラを目の当たりにして、それまで自分の中にあった漠然とした不安が、瞭然とした不安に変わりました。

それまで、社会のレールに乗ってさえいれば無難に人生を過ごせると思っていたところに、目の前でリストラというショックが起きたからです。

「このままではまずい」という危機感に駆られた私は、東証一部上場企業の正社員の立場をなげうって、リストラと同時期に会社が募集していた社内ベンチャー制度に飛び込みました。

そこでの約10年の経験をもとに、最後の1年は副業も並行させた上で、独立を果たしました。

本書は、30歳当時の私自身に向けて書きました。将来に不安を感じているけど、何から始めたらよいかさっぱりわからなかった、「平凡なサラリーマン」としか呼べない当時の自分に、です。

はじめに

現在、独立して9年目で、ビジネス書は本書で21冊目（日本語版）、フランチャイズビジネスは6店舗となりますが、本書で述べているその他のビジネスを含めてすべてはサラリーマン時代に始めた副業の枝葉を伸ばし続けているに過ぎません。

本書では、私自身の経験はもちろん、私自身が主宰する副業オンラインアカデミー「The Second Phase（ＴＳＰ）」の受講生への取材、そして、副業から独立に至った知人への取材を盛り込みました。「副業にどう取り組んでいいのかわからずに迷っている」あなたの道しるべになれるのなら、これほど嬉しいことはありません。

前置きはこれくらいにして、早速、副業の扉を開いていきましょう。

第1章

間違いだらけのサラリーマンの〝副業〟

八方塞がりのサラリーマンを救うカギとなるのが〝副業〟

今では信じられないことかもしれませんが、かつてはサラリーマンをしていることが、間違いのない人生戦略だった時代がありました。いわゆる「高度経済成長期」と呼ばれていた時期が、それに当たります。

当時、人々は「名の通った大学に入って」「一流企業に入社する」ことに、心血を注いでいました。そうすることで、終身雇用と数千万円の退職金が手に入り、悠々自適の老後が約束されたも同然だと思われていたからです。

ちょうど、日本中の土地も値上がりしていましたので、入社して数年でマイホームを買い、後にそれを売却すれば、ひと財産つくることも可能でした。

「郵便局の通常貯金にお金を寝かせておけば、年に約5％、10年定期では約12％の利息が付いた」という、今からすると信じられないような時代が、日本にもあったのです。
それが、昭和という時代でした。

【1980年　郵便局の貯金金利】
（左：通常貯金）**4.56%**（右：定額貯金）**11.91%**

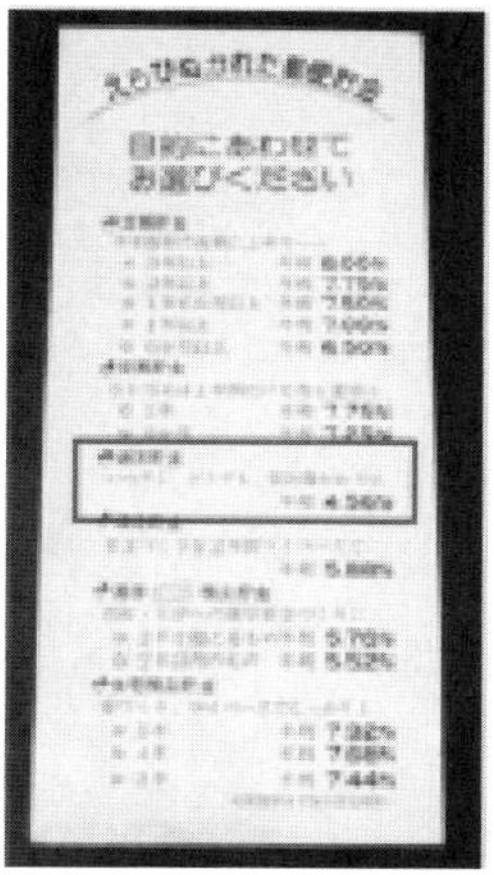

しかし、令和となった今では、その〝成功の方程式〟も、すっかり過去のものになっています。わずか30～40年ほどの間に、世の中は激変しました。

終身雇用が機能していた時代、サラリーマンは一度入社すれば、定年まで勤め上げるのが当たり前。いわば、自分の人生と引き換えに、会社に老後まで面倒を見てもらっていたようなものでした。

それが今では、リタイアまでに何度か転職することは珍しいことではなくなりました。

現在は正社員といえども、右肩上がりの昇給など、望むべくもありません。大部分の人が、就く役職もない〝飼い殺し〟の状態です。

年金制度も、毎年のように改変されています。サラリーマンの年金は、かつて「確定給付型企業年金」といって、あらかじめもらえる額が決まっており、不足した場合は会社が補填してくれていました。

現在では、「確定拠出年金」に順次、切り替えが行われています。確定拠出年金になると、自分の年金は、自分で運用しなければなりません。

これまで多くのサラリーマンは、給料が上がらない代わりに、残業をすることで、不足分を補ってきました。しかしこれも、働き方改革が施行されることで、残業させてもらえなくなりました。

そもそも働き方改革とは、日本経済の再生に向けてつくられた「労働生産性を改善するための最良の手段（首相官邸ＨＰ）」という位置づけです。働く人の視点に立った改革と言いながら、実際は、企業の生産性を高めるのが目的なのです。

とどのつまり、働き方改革の本質とは、自己責任の推進です。

「国も、会社も、老後の面倒は見ません（再雇用するから元気に働きましょう）」

「老後資金は、自分でなんとかしてください（自分で2000万円を用意してね）」

「正規雇用と非正規雇用は、待遇が同じになります（いずれ正社員は死語に）」

「年齢や勤続年数は、評価の対象になりません（労働生産性向上のためです）」

「規定時間の給与は払います（残業は無しにしてください）」

「足りない分は、自分でなんとかしてください（時間はありますよね？）」


こういった声が聞こえてきそうなご時世です。

昭和の老後は、「現役40年、老後15年（60歳定年、平均寿命75歳）」という想定でした。それが、令和では「現役45年、老後20年（65歳定年、平均寿命85歳）」となり、とうとう「人生100年時代」と言われるまでになりました。

つまり、「現役時代をどのように働くか？」ということも大事ですが、「長くなった老後をどのように過ごすのか？」というテーマも、同じくらい人生の中で重みを増してさえいます。

実は、この「長くなった人生をどう充実させるか？」ということと、「それだけの年月を支えられる老後資金を、どうやって確保するか？」という、人生の2大テーマを解決する有力な方法だと目されているのが、本書のテーマである「副業」なのです。

国も企業もサラリーマンが副業するのを待っている⁉

実際、副業解禁の流れを受けて、企業の中には人材紹介会社と組んで、自社の社員に副業を斡旋するところも出始めています。斡旋をすることで、副業も企業のコントロール下に置きたいという意図があるのです。

企業側も、従業員が自分で稼ぐ力を身につけてくれれば、気兼ねなく諸手当を削ることができるし、人材の流動化を進めやすくなるという狙いがあるのかもしれません。

今の企業にとって、従業員を長時間労働させることは、大きなリスクになります。だから「それよりは、代替え手段を使って足りない労働力を埋め合わせたほうがいい」と考えています。

代替え手段とは、

1、外国人、主婦、高齢者など
2、ＡＩやロボットなど
3、ダブルワーク人材

などです。

特に、3番のダブルワーク人材には、企業も期待しているでしょう。能力の高い人材と、格安の報酬で契約できるからです。

要は、一人を長時間働かせるよりも、早番と遅番に分けて、別の人に働いてもらったほうが、リスク分散になる、というわけです。

国にとっても、国民の収入が増えてくれれば、税収が増えるし、パンク寸前の社会保障制度も延命させることができます。

何よりも、減り続けている労働人口を補うには、「同じ人に、複数箇所で働いてもらう」ことほど、素晴らしい解決策はありません。

ですから、いずれ国は、副業解禁に躊躇《ちゅうちょ》している企業に対して、何らかの形で「会社の就業規則の中に、副業禁止規定を入れてはいけない」という項目を設けてくるでしょう。

国は、「多様な働き方を実現するため」に、労災保険制度も見直しを行い、「本業と副業の労働時間を通算して労災認定する」などの改正案を、２０２０年度中にも施行したい考えです。

このままでいけば、

・上がらない給料と残業代カット→副業（ダブルワーク）の推進
・公的年金の支給開始年齢の引き上げ→定年延長で働き続けるしかない
・70歳、75歳まで働くことも視野に？→税金と社会保険料を払い続ける

…といった未来が想像できます。気づけば、サラリーマンは「死ぬまで働かされる」という無限ループに、どっぷりはまり込んでいく可能性があります。

実は、これはピンチであると同時に、チャンスでもあります。こうした社会の変

化を、逆手に取るのです。

現状のままでは、私たちは、いつ引退できるのかを、自分で選ぶことができません。

「いつまで働けばいいのか？」「いつ辞めてもいいのか？」を自分で決められないのは、収入経路をサラリーマン一本に頼っているからです。

今勤めている会社が、何らかのショックで倒産したらどうしますか？

もしそのような事態になっても、サラリー以外の収入源があれば、活路を見出すことができます。その収入経路を増やす方法の一つが「副業」ということなのです。

巷にあふれる副業は問題だらけ

ここで、問題になってくるのが「何を副業にすればいいのか？」ということです。

巷のビジネス書には、

「自分の好きなことを仕事にすればいい」

「好きこそものの上手なれ」

「自分の得意なことで起業しよう」

…といった言葉が並んでいますよね？

けれど多くの人が、実際は好きなことを仕事にできず、自分の得意なこともわからないため、結局「自分にもできそうなこと」を副業に選んでいるのが実情です。

「自分にもできそうなこと」とは、主に以下の3つが挙げられます。

《巷でよく見かける3つの副業》

1、アルバイト
2、ギグワーク
3、情報商材を使った副業

これらに共通しているのは、うまくいっても短期間しか稼げないということです。

一番のアルバイトの問題点が何かというと、差別化がしづらいことです。ですから、〝自分の時給〟を下げることになるのはほぼ間違いありません。さらには、遠い将来まで働き続けているイメージが描きにくいことです。

アルバイトの仕事は、誰でもできるようにマニュアル化されています。つまり、これを副業に選ぶと、フリーターや学生と肩を並べることになります。サラリーマンは通常、フルタイムの仕事を抱えており、ただでさえ自分の自由時間が少ない状態です。その貴重な時間を、誰でもできる仕事に充ててしまうというのは、あまりに惜しいことです。

次に、2のギグワークは、最近になって急速に増えてきた新しい働き方です。インターネットを介して、単発・短期の仕事を請け負う個人事業です。ギグワークと聞くと、思い浮かべるのがフードデリバリーや個人宅配でしょう。このギグワークを請け負う人たちのことを、ギグワーカーと言います。

最近、サラリーマンの副業として、この仕事が注目を集めているのは、「空き時間を有効に活用できる」「働きたい時だけ働くことができる」といった点からです。

確かに、ギグワークは、時間のないサラリーマンにとって、相性がいい面はあります。

しかし、残念ながら、ギグワークも1のアルバイトと同じく「習熟による差別化がしにくい」という欠点があります。もちろん、個人宅配がダメ、ということではありませんが、より多くの注文をこなそうと思ったら、自転車を速く漕ぐか、バイクに乗り換える以外に収入アップの手段はそう多くはありません（実際、配達員が自転車で高速道路を走行したり、交通事故にあったりというニュースをよく目にするようになってきました）。

3の情報商材を使った副業も、先の1や2と同じく「隙間時間を使ってできる」という共通点があります。

たとえば「家に居ながらにしてできる」と謳ったアフィリエイト（成功型報酬広告）や、「労働をしなくてもお金が増える」というFX（外国為替証拠金取引）、「簡単に小銭が稼げる」のが謳い文句のせどりやポイント稼ぎなど、ネットで「副業」と検索すれば、ありとあらゆる商材が出てきます。

3は、詐欺が多発する要注意分野です。Tさんから聞いた事例を紹介します。

Tさんは、SNSを通じて知った「誰でも簡単に稼げる」というサービスに申し込みました。すると、先方から「iPadをできるだけたくさん用意してください」と指示されます。

Tさんは言われた通り、複数のクレジットカードを使い、各々の限度額までiPadを購入しました。すると、相手から「稼ぐための専用アプリを入れる必要があるので、iPadを指定の場所に持参して係の者に手渡してください」と言われます。

Tさんが言われた通りにすると、途端に相手からの連絡が途絶えました。Tさんの手元には、クレジットカード会社からの多額の請求だけが残されました。

「どこかにきっと、裏技があるに違いない」という思い込みが、人の判断を狂わせてしまうのです。

こうやって、巷で副業と呼ばれているものを俯瞰《ふかん》してみると、サラリーマンの副業のカギは、「投入時間」と「時間単価」だということがわかるのではないかと思います。

前の項でも述べたように、副業の到達点とは、単なる副収入というだけにとどまらず、いずれはそれを本業の一つにつけ加えるか、もしくは本業との比重を変えるなどして、長期的な収入を得るための柱を立てることです。こうすることによって、自分の老後を自分で決めることができるようになります。

いずれにせよ、〝あなたという個性〟を活かせない仕事では、あなたの貴重な時間と労力が、安く買い叩かれることは、目に見えているわけです。

副業としてふさわしいのは投資？　労働？

なぜ、副業を考える際に、「投入時間」と「時間単価」が大事なのでしょうか？　その答えを知るには、キャッシュフロー・クワドラントの考え方を知るのが近道です。

キャッシュフロー・クワドラントとは、『金持ち父さん貧乏父さん』（ロバート・キヨサキ著、２０００年、筑摩書房）でロバート・キヨサキ氏が提唱した概念です。キヨサキ氏によると、「収入経路をたどると、世の中のすべての職業は、４つに分けられる」と言います。それが、

・サラリーマン＝Employee（Ｅクワドラント）
・個人事業主＝Self Employed（Ｓクワドラント）

収入を得る方法には4種類しかない。

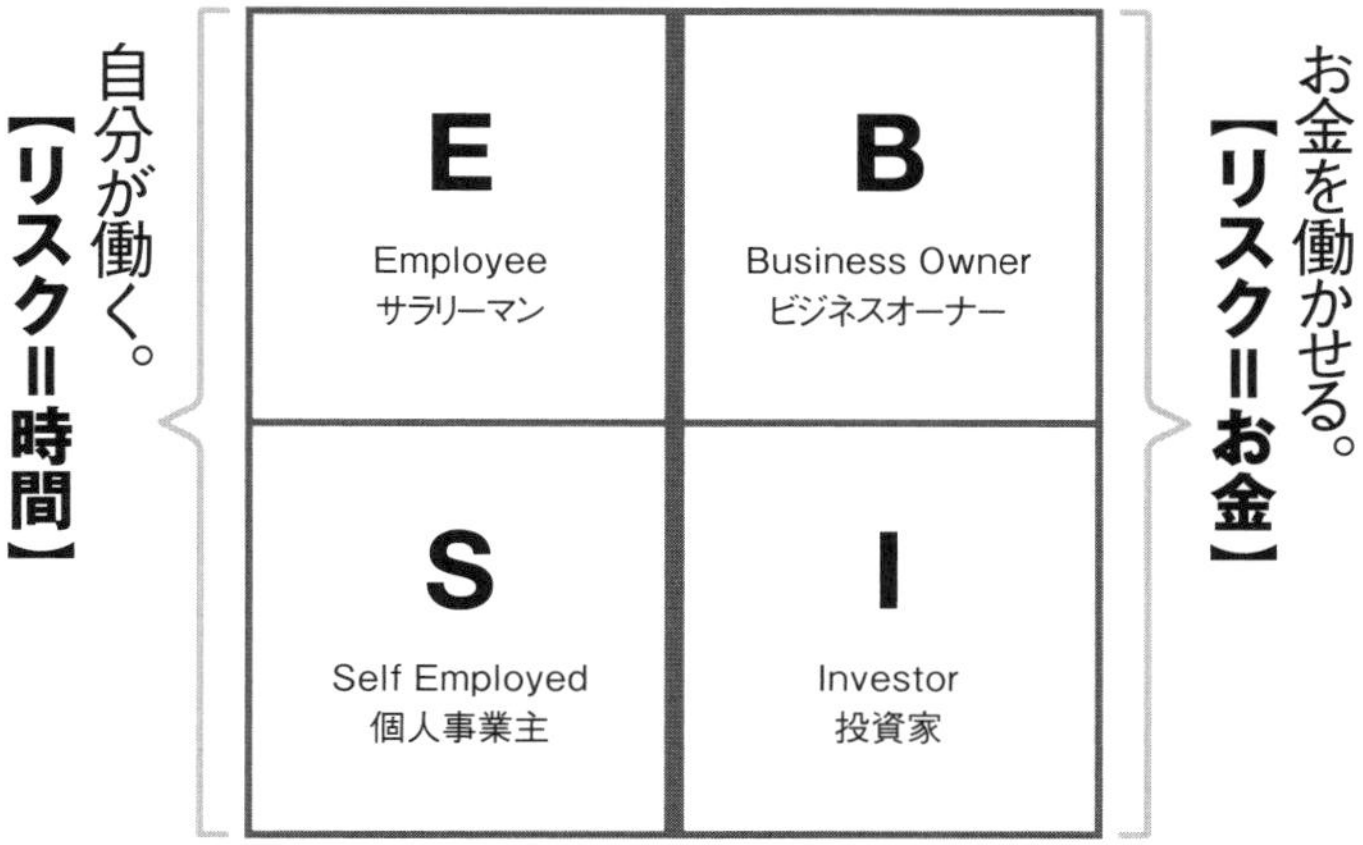

・ビジネスオーナー＝Business Owner（Ｂクワドラント）
・投資家＝Investor（Ｉクワドラント）
…です。

クワドラント図をご覧いただくとおわかりのように、Ｅ（サラリーマン）とＳ（個人事業主）は向かって左側に、Ｂ（ビジネスオーナー）とＩ（投資家）は向かって右側に配置されています。

実は、これは「何をお金に換えているのか？」ということを表しています。

左側の２つは、自分の労働をお金に換える職業であり、右側は、お金をビジネスや投資につぎ込むことで、お金を増やそうとする職業、ということになります。

左側のＥ（サラリーマン）とＳ（個人事業主）は、労働をお金に換える際に、必ず消費するものがあります。〝自分の時間〟です。

自分の時間を使うということは、「時間が収入の制約条件になる」ことを意味します。

どうして副業をする際に、時間と時給が重要なのかが、もう、おわかりですね？

限られた時間を使って副業をする以上、時間単価を意識した活動に繋げない限り、労働時間を増やすことしか選択肢がなくなってしまうからです。

クワドラントの知識がないまま副業を始めて、安い時給の仕事で収入を増やそうとすれば、必然的に働き過ぎてしまうことになるのです。

一方、右側のＢ（ビジネスオーナー）とＩ（投資家）は、お金が回っている限り、理論上はアッパーがありません。ただし、代わりにお金を失うリスクを負うことになります。

もちろん、この２つも副業にすることは可能ですが、本書では

「Ｅ＋Ｓ➡Ｉ（＋Ｂ）」

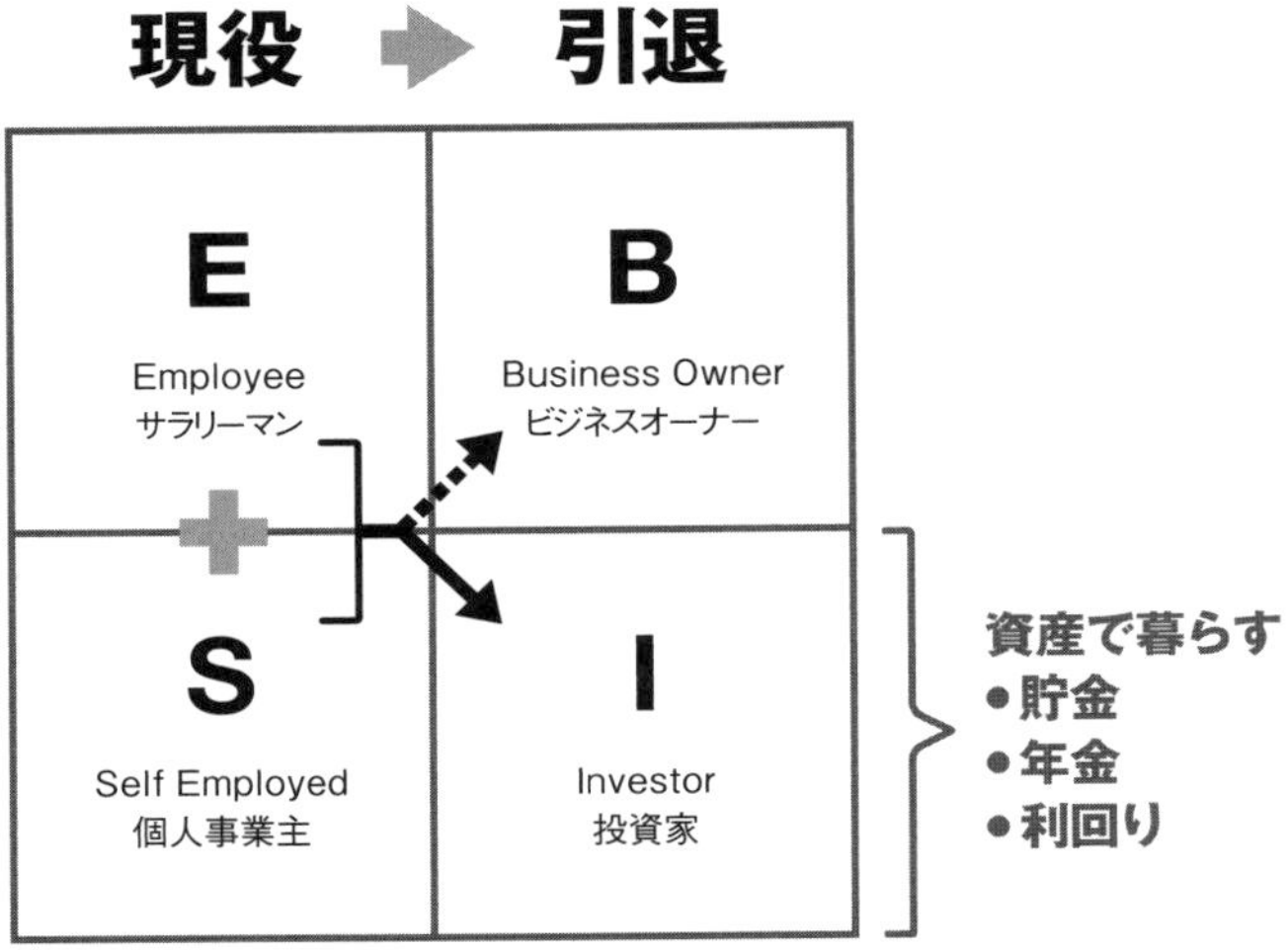

「年金」は正確に言えば投資ではありませんが、
引退後にキャッシュを生み出す要素として、
便宜上ここに分類しています。

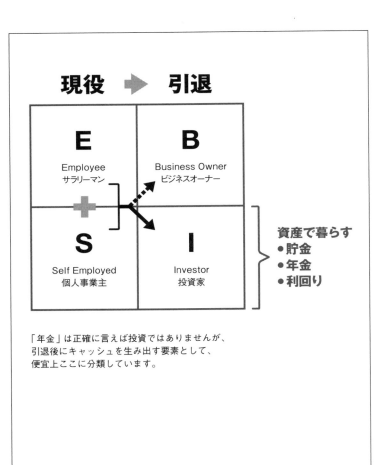

…の順番で取り組むことをお勧めします。

「どのクワドラントを選ぶか？」という見方ではなく、これからの時代は2つ以上を組み合わせて動く、「ハイブリッド・クワドラント」を前提に考えていきます。

「副業」をクワドラント的に説明すると、現在E（サラリーマン）の方が、サラリーマンはそのまま続けながら、S（個人事業主）を追加することでの収入アップを図るということです。

E（サラリーマン）が制度疲労を起こしているところにSの柱を立てて補強することで、その分収入は補強される。以後は、これが〝現行時代〟のスタンダードになることでしょう。こうすることによって金銭的な余裕はもちろん、老後の安心感をつくることも可能になります。

Ｅ（サラリーマン）＋Ｓ（個人事業主）を軌道に乗せつつ、並行してＩ（投資家）の勉強を始めるのが理想です。勉強はしますが、必ずしも直ぐにお金は動かしません。なぜなら、Ｉクワドラントは「お金の置き場所を変えてお金を増やそうとする行為」であるため、最低限の知識がないと参入すべきではない領域だからです。理論武装しながら、まずはＥ＋Ｓのハイブリッド・クワドラントで軍資金を増やすことから始めましょう。

Ｉ（投資家）での資産形成のイロハについては、拙著『トップ１％の人だけが知っている「最高のマネープラン」』（２０１９年、日本経済新聞出版）に詳しく書いてありますので、興味のある方はそちらで理解を深めてください。

なお、マネジメントが得意な方は、Ｂ（ビジネスオーナー）も視野に入れてもいいと思います。

サラリーマンに向く副業は「個人事業主」の一択だけ

私が、副業としてオススメするのは、Sクワドラント（個人事業主）一択です。「自営業者」とも言い換えることができますが、本書では、「S＝個人事業主」で統一したいと思います。個人事業主といっても、フリーランスやノマドワーカー、ギグワーカーなど、いろいろありますが、ここでは「自分の事業を持ち、それで他者と商売をしていること」と定義して話を進めていきます。

それでは、副業としてSクワドラントを選ぶメリットを、3つ挙げておきましょう。

理由の1つ目は、他人との差別化が図りやすいこと。

自分の事業を立ち上げ、育てていくことで、差別化ができれば、「あなたから買いたい」と言ってもらえるようになるのも、夢ではありません。

２つ目は、「損益通算」が可能であること。

損益通算とは、給与所得者が事業を行って損失が出た際に、給与所得などから損失分を差し引くことが可能になるという、税制度です。

税務署に開業届を出すことにより、ほかの所得と損益通算ができたり、青色申告を行っていれば、最高65万円の特別控除が使えたりするなどのメリットがあります。

ただし、個人事業として認められるには、「独立性」「継続性」「反復性」が必要です。一過性の収入とみなされてしまうと雑所得に分類され、損益通算はできなくなってしまいます。

少し難しく感じてしまうところかもしれませんが、個人事業主になること自体は難しくありません。

確かに、確定申告には専門知識が求められますが、年間5万円くらいから業務を代行してくれるところはあります。もちろん、その費用も経費にできます（代金は事業体や作業ボリュームなどによる）。

「法人のほうが個人より税率は低いのでは？」と思われた方もいらっしゃると思いますが、サラリーマンが副業をやる場合、次のステージ②以降での法人化がオススメです。

ステージ①個人事業が赤字
↓確定申告で還付される。

ステージ②個人事業が黒字化
↓法人化を検討する。

サラリーマンでも法人を持つことは可能です（「法人なり」といいます）。ただ、個人事業主である間は、サラリーとの損益通算が可能で、事業が赤字であれば税還付を受けられる、ということです。この制度は、事業が赤字だからこそ利用できます。

「いくら税還付がなされても、赤字の事業を持っていては意味がないのでは？」と思われた方もいると思います。

ここが個人事業主とサラリーマンの大きな違いなのですが、サラリーマンは、年収に応じて税務上で決められています。だから、経費をいくら使っても関係ありません。一方、個人事業主の場合は、事業発展のために経費を使うと、それだけ売上が少なくなる＝税金を少なくできる可能性がある、ということなのです。

もちろん、「無駄遣いしましょう」ということではありません。たとえば、家賃10万円の賃貸マンションに住んでいて、半分のスペースを個人事業のために使うということであれば、月5万円を経費計上できます。それだけで年間60万円の経費が生じます。携帯電話やパソコンも同様の考え方です。飲食店で仕事の話をしたら、それが会議費や交際接待費となります。

いかがでしょうか？　今は単なる支出として出ているお金が、個人事業を始めることで事業性を帯び、その諸経費の合計だけでも年間100万円くらいになるのは珍しいことではありません。この場合、個人事業の年商が100万円になるまでは、かなり助かる制度になるはずです。具体的にいくら還付されるかは、赤字の金額とサラリーマンの年収によって変わってきますが。

注意点としては、たとえば、自分の信用力（与信と言います）を使って金融機関から借入を予定されている方は、損益通算で個人事業の赤字申告をすることは不利に働くことがあります。向こう数年以内に自宅購入などでの借入予定がある方は、ご注意ください。

３つ目は、「自分で引退時期を決められる」ということです。

これからは、自分の事業を持ち、会社の定年とは関係なく生きがいを持って働く人たちが、増えていくのは間違いないでしょう。

私たちの人生において、重みを増してきた「老後をどのように過ごせばいいのか？」と「老後資金をどうやって準備すればいいのか？」の２大テーマに対して、一挙両得を狙えるのが、本書で取り上げる「副業」なのです。

「副業禁止規定」が意味する3つの地雷

私が副業に関するセミナーを行うと、必ず聞かれる質問があります。それは「ウチの会社には、副業禁止規定があるのですが…」というものです。

副業禁止規定があるにもかかわらず、副業セミナーにお越しになっているのは、

「それでも副業をやりたい」という、サラリーマンの切実な状況を物語っているような気がしてなりません。

実のところ、終身雇用が当たり前だった昭和の頃から、暗黙の了解で認められていた（見逃されていた？）副業があります。不動産投資と株式投資です。

特に不動産賃貸業は、公務員でさえ、一定規模以下であれば、許可なしで取り組むことが可能です（一定規模を超えた場合は、許可が必要になります）。

２０１６年、佐賀県の消防副士長をしていた男性が、マンションや貸店舗、駐車場など12件から、約７０００万円の収入を得ていたために懲戒免職となりました。

これは、当県の消防局が、男性に対して「半年以内に、人事院規則である5棟10室、駐車場10台未満、賃貸収入５００万円以下にするよう」命令したものの、男性が改善する様子が見られなかったことによる処分だということです。

この処分に対する男性のコメントが、非常に的を射ていて、

「(所有している不動産を) 損をしてまで売るつもりはない」

「兼業を禁じるのは時代に合っていない」

…と話したということです(佐賀新聞LiVE、2016年9月1日)。

ネット上では、消防局の対応に非難が殺到。

すでに、男性は不動産投資家(Iクワドラント)として、公務員を辞めてもまったく問題ないレベルにまで達していましたが、「お金があっても危険な消防士の仕事を続けていたのに、この処分は非情だ」というわけです。

それでは、「副業禁止規定が、本当に避けたいことが何なのか」というと、次の3つに集約されます。

《副業禁止規定が意味する〝3つの地雷〟》

1、会社の情報漏洩を防ぐ
2、顧客が奪われるのを防止する
3、従業員の勤務がおろそかにならないようにする

会社は、この3つの問題に抵触しない限り、実際のところ、従業員の行う副業を抑止する根拠がありません。不動産投資も、株式投資も、基本はこの3つに抵触しないことから、会社で容認されてきたのです。

懲戒免職になった消防士も、消防業務と不動産賃貸業は1ミリも被っておらず、何の問題もなかったはずです。ですから、実際は「公務員が、こんなに稼いじゃいかんだろう」という点が、クビになった直接の原因だと考えられます。

「住民の模範となるべき公務員が申し訳ない」ということですが、都合が悪かった

のは、他ならぬ消防士を処分した側だったのかもしれません。

最近、副業から始めて独立した私の顧客がいます。その人の会社には、副業禁止規定があったと言います。

そこで顧客は、会社の労務の人に、こっそり事情を打ち明けました。社員が副業をしていることがバレるのは、多くの場合、会社の給料から住民税が天引きされるためです。そして、意外に多いのが、周囲の妬みによる会社へのリークです。

その顧客が、労務の人に副業を打ち明けたのは、結構な金額を稼いでいたからですが、それを聞いた労務の人は、「他にも、相続した不動産を賃貸して、収益を上げている人がいるよ」と言ったそうです。

要は、「会社の業務とは関係ないから、問題ないよ」という意味だったのでしょう。

このように、私たちが副業を行う際には、先の３つの地雷を踏まないようにすることが、事業を継続させるための大事なポイントになります。

逆に、この3つに抵触さえしなければ、たとえ副業禁止の会社であっても、そこまでうるさくは言われないはずです。

副業を希望される方は、このことを念頭に置きながら、ぜひ前向きに検討してみていただければと思います。


ところで、サラリーマンが起業する際に、気をつけなければいけないのが「今いる会社との競業」です。ほとんどの場合、専門技術を身につけるのは、会社の仕事を通じてのことが多いですから、社内で培ってきた技術やノウハウを流出させないよう、注意しなければなりません。

会社と競業してしまう状態とは、たとえば

・ＣＡＤ設計会社に勤めている人が、設計技術を使って同じ業界で起業

・マッサージ店の店員が、仕事で身につけたマッサージの技術を使って開業
・ラーメン店のスタッフが、店の秘伝レシピを使って自分の店を開く
・セールスマンが、会社の取引先から商品を卸してもらい、個人でも販売
…といった例です。

意外に、独立する人で、会社と競業してしまう人は多く、中には自分が担当していたお客さんを連れて独立してしまう人もいます。しかし、業界は狭いので、たいていはどこからともなく噂で伝わってしまうものです。

会社と競業しないためには、どうしたらいいのでしょうか。いくつか方法はありますが、たとえば「場所を変える」「客層を変える」「商品を変える」といった方法があります。

私の知り合いの経営者は、もともと車のディーラーで働いていました。その人は独立する際、社長に「この会社を通じて知り合った顧客や取引先は一切使いませ

ん」と宣言したそうです。

実は、知り合いが独立を口にした時、先輩から「本当に独立したいなら、全部自分で一から探せ。会社のお客さんや取引先に手をつけるようなヤツは、どうせ長続きしない」と言われたそうです。

知り合いは、その教えを固く守ったことで信用を獲得し、前の会社の社長や同僚からも応援され、事業も軌道に乗りました。

私の場合、サラリーマン時代に社内起業したのは、小売店です。ですから、副業を始める際には、あえてそれまでとはまったく違う業界（サービス業）の店をオープンし、手応えを感じた後に独立しました。

ビジネスは長期的な視野が必要です。

あなたには、ぜひ古巣からも応援されるくらいのビジネスを立ち上げてほしいと思います。

副業から複業。そして、どれもが本業へ

実のところ、副業という呼び名は、事業がまだ育っていないからサブ（副）と呼んでいるに過ぎません。〝副業〟という名のタネを蒔き、そこから芽が出て成長してくれれば、「副業」というより「複業」という呼び方が相応しくなっていきます。

本書では、「2つ目、3つ目の本業をつくるための副業を始めよう」という趣旨で執筆しています。

こう書くと、

「本業が2つも3つもって、どういうこと?!」

「本業が2つも3つもあったら、カラダがいくつあっても足りないのでは?」

…と疑問に思われた方もいたかもしれません。

サラリーマンを副業にするためには、何をどうすればいいのでしょうか？

オススメは、次の2つのステップをクリアすることです。これができれば、間違いなく「サラリーマンを副業にした」と言えるでしょう。

《サラリーマンを副業にする2つのステップ》

第1ステップ：副業の時給が、サラリーマンの時給を超える状態
第2ステップ：副業の収入が、サラリーマンの収入を超える状態

フルタイムで働いている方は、月間180時間前後を本業に充てていると思いますので、いきなり副業が本業の収入を上回るということはないでしょう。ですから、まずは時給で超えることを目指します。

サラリーマンの時給を超えることを一つの目標に、「どの副業を手がければいい

か？」を検討します。本業を超える事業を始めようというのですから、慌てる必要はありません。「何をどう始めるか？」がもっとも大事なポイントです。どの事業を選択するかによって、市場の可能性や、ライバルが誰になるのかが決まります。あなたが始める副業が、成功するかどうかの第1のカギを握るのが、「事業の選択」なのです。

私が現在取り扱う事業は、フランチャイズ加盟店のビジネスオーナーである他、ビジネス書作家、投資家、コミュニティオーナー、セミナービジネス、紹介業など、多岐にわたります。

私の中では、これらに「本業」や「副業」といった優劣はありません。強いていえば「複業」です。

先の〈サラリーマンを副業にするための2つのステップ〉の順序についてお話し

ておくと、まずは、自分のサラリーマンとしての時給を計算することから始めます。その際は、シンプルに手取り収入をサービス残業も含めた労働時間で割ります。ほとんどの方が「自分は一体、時給いくらで働いているのか？」がよくわかっていないのではないかと思います。

実際に副業を始めて、この第1ステップをクリアできれば、2つ目の本業が誕生する一歩手前の状態になっていることでしょう。本業には、自分の時間の大部分を割いていますから、いきなり売上では勝てなくても、時間給であれば十分に勝負できます。

第2ステップに進むと、後は時間との闘いになってきます。時間単価では勝てても、副業で本業の収入を超えることは、なかなか大変です。

しかし、ここで創意工夫をすることが、ご自身の〝働き方改革〟にもつながります。「必要は発明の母」の言葉通りです。

それでは次の章から、いよいよ副業を構築する方法に入っていくことにしましょう。

第2章

副業のスタイルを考える

〝ジョブ・マトリクス〟の4Sでわかる4つの方向性

ここで、あなたが「どの副業をすべきか?」と考える時に役立つ、私自身が考案したマトリクスをご紹介したいと思います。私はこれを「ジョブ・マトリクス」と呼んでいます。

ジョブ・マトリクスは、もともとビジネスに不可欠な職域を4つに分類したものです。会社にある業務は、基本的にこの4つのいずれかに当てはまります。

つまり、この4つのS(4S)には、仕事としての需要がある、ということになります。

それでは、順に説明していきましょう。

「ジョブ・マトリクス」（4S）

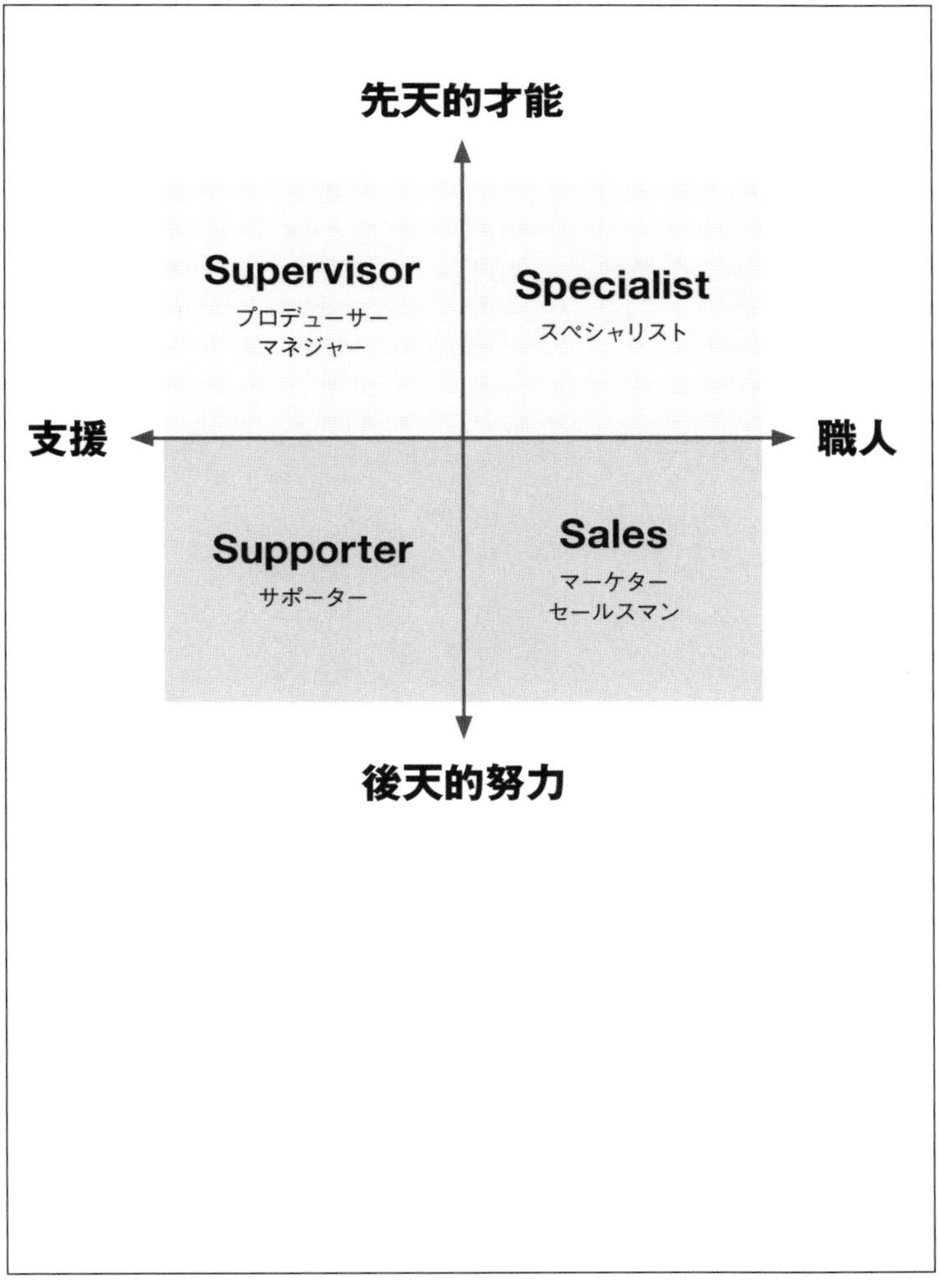
先天的才能
Supervisor
プロデューサー
マネジャー
Specialist
スペシャリスト
支援
職人
Supporter
サポーター
Sales
マーケター
セールスマン
後天的努力

まず、59ページのジョブ・マトリクス図をご覧ください。図の上に「先天的才能」、下に「後天的努力」とあります。

先天的才能というのは、これまでの人生の中で、無意識に身につけてきた能力や、もとから持っていた才能のことを言います。先天的才能の比重が大きい職業としては、たとえばプロのアスリートなどが挙げられます。アスリートは、ある程度、体格や運動能力などに恵まれていた人が、努力することで一流になります。

後天的努力というのは、後になって、意図的に努力することで身につけた能力のことを言います。会社の一般的な業務や営業、販売などは、後天的努力だけで十分、仕事として通用します。

ジョブ・マトリクス図の、向かって右に「職人」、左に「支援」とあります。Specialist や Sales は、自分の技能を研ぎ澄ますこと（職人）が、他人との差別化につながります。

それに対して、左側のSupervisor、Supporterは、基本は表に出ず、〝縁の下の力持ち〟的な役割になります。

それでは、各マトリクスの説明をしたいと思います。

先に、結論を申し上げておくと、個人事業主としての副業にオススメなのはSupporterとSales。この二択です。詳細は順を追って説明しますが、なんといっても今後の努力いかんで結果を変えることができ、しかも本業の邪魔になりにくい点が副業向きです。

まずは、向かって左上のSupervisorは、企画・プロデュースやマネジメントの領域。副業というよりは直接、独立・起業をする人がもっとも多い領域です。

次に、向かって右上のSpecialistについてです。実に多くの人が、副業を考える際にはこの領域で始めようとしがちですが、この領域は、副業より転職や起業に向いています。

なぜなら、副業として専門性を活かそうとすれば、先述の副業の3つの地雷に触れてしまう可能性があり、より高く自分を買ってくれる会社に転職するほうが無難だからです。

日本人は「段」や「級」といった格付けが大好きで、どうも「手に職」に安心感を求める傾向があるようです。私もサラリーマン時代の前半は、老舗メーカーというこどもあって、どの部署にもこの道数十年のベテラン社員がおり、常に出世という行列に並ばされました。この Specialist 領域は、すでに職業として確立されていることが多く、数多くの職人たちが競争相手としてひしめき合っています。

続いて、左下の Supporter についてです。いわゆる裏方ですが、ここはもともとアウトソーシングが発達している分野です。そのため、すでに副業として業務を受けている人は多いものの、「独立している」という人は少数派です。

裏方の副業をしている人は、たいていクラウドソーシングなどを利用していることが多いようです。この場合、登録者数も多く、ライバルが混在しているため、スキルがある人でも、単価が低く抑えられているのが実情です。

通常、マッチングサイトを通すと、サイトの利用料として、だいたい報酬の1～2割程度を手数料として徴収されます。

そんな下請け的なイメージの強いSupporterですが、実は、視点を変えることができれば、副業に向いている領域に生まれ変わります。

後ほど詳述しますので、そちらでSupporter領域をいかにして副業に変えていくかをご理解いただければと思います。

最後が、Salesです。本書では、便宜上「ジョブ・マトリクス」の4つのSについて、Sで始まる一文字に集約させる目的で一括りにしていますが、Salesは「セールス」と「マーケティング」の2つの意味を持ち、機能が異なります。セールスというと、「口先で相手を丸め込んで買わせる技術」だとか、「押し売りしなければならない」と思い込んでいる人も多いでしょう。

世の中に、そういうセールスマンが大勢いるのは事実ですが、セールスとは本来、顧客に「あなたから買いたい」と言ってもらう仕組みをつくることです。

実は、このSalesが、本書でも一押しの副業領域となります。

現時点では、

1、プロジェクトやビジネスにおけるチーム編成には、主に四つの役割があること

2、その中でも、「Supporter」と「Sales」が副業にオススメであること

この2点をご理解いただければ、大丈夫です。

顧客の再定義が、Supporter領域の要

ここから、本書で示した「ジョブ・マトリクス」において、副業に向いていると申し上げたSupporter 領域を解説します。

サポーターの仕事は、一般的には会社の後方業務全般のことです。

あなたがスペシャリストとして身につけた能力は、サラリーマンとして「会社」や「上司」に提供していますよね？

事業という視点で見ると、あなたの労力を買ってくれている顧客的な立場です。

このサラリーマンとして提供している能力をそのまま個人事業に活かそうとすると、どうしても会社の利害と一致しがちです。その結果、44ページで示した副業の

地雷を踏んでしまうことになりがちです。

ところが、自分の能力の売り先をサラリーマンとして勤める会社から、個人事業主や零細企業の社長へターゲットを変えることで、「Specialist→Supporter」へと、自分の専門性を活かす場所に変えることができるのです。

これからご紹介するこの領域で独立・起業を果たした2つの事例は、非常に参考になると思います。

まず1人目は、現在、主に中小企業や個人事業主の事務全般を引き受け、秘書代行、事務改善のコンサルティング業務などを請け負っている大木英恵さんです。大木さんは、優秀なSupporterとして、顧客の間では「歌って踊る事務番長」の愛称で親しまれています。

大木さんは、保険会社、広告代理店などに勤めた後、東日本大震災を機に退社。

その後、求職活動中に知り合いの経営者から「事務を手伝わないか?」と声をかけられたことをきっかけに、小規模事業主の事務作業を受注するようになりました。

最初のお客さんは、デザイン会社を一人で経営している知り合いでした。

大木さんが、まだ求職活動をしていた時に、知人同士が平日の昼間に集まってランチ会をするというので、大木さんも参加した時のこと。自然に話題は「今何をしているの?」という近況報告になり、大木さんが求職活動中だと話すと、その知り合いの経営者が「じゃあ、ウチを手伝ってよ」という話になったそうです。

実際に会社を手伝いに行くと、知り合いは顧客との交渉から本業のデザイン、必要な商材の発注から事務処理までを、すべて一人でこなしていました。

これを見て、サラリーマン時代から得意だったサポート魂に火が付いた大木さんは、とにかく知り合いの雑務をすべて一手に引き受け、さらに必要な業務とそうでない業務とに仕分けを行うことで、業務を効率化。

これによって、本来のデザイン業務に専念できるようになった知り合いは、売上が3倍に急増。これが口コミで広がり、大木さんはサラリーマンに戻ることなく、内定をもらった会社も辞退し、そのまま独立したのです。

これを皮切りに、大木さんは、零細企業を中心に事務作業を引き受け、テレワークを実現しています。最大9社まで引き受けたこともあるそうですが、現在は、請け負う会社の数をコントロールしながら、子供向けのパソコン教室を運営されています。

大木さんが、もし事務能力を武器にSpecialist領域でキャリアウーマンを続けていたとしたら、現在のような自由度や幸福度を満喫しながら、一般OLの2倍以上の収入は得られていなかったはずです。

続いて、もう一例。

もともと、Specialist 領域でバリバリやっていた方が、Supporter 領域で独立・起業した方です。

「合同会社 社外人事部長」の代表をしている長谷川満さんです。

長谷川さんは、主に中小の成長企業を対象に、人事関係の仕事を行っています。企業が成長していく中で、必要不可欠となる人材採用の戦略・戦術の構築や人事部の立ち上げ、人材育成やマニュアル作成の指導などが、長谷川さんの主な業務内容です。

長谷川さんはサラリーマン時代、研修会社勤務などを経て、リフォーム系のベンチャー企業に入社。もとは営業希望でしたが、なぜか社長から「君には人事が向いている」と言われ、人事部立ち上げ要員として大抜擢されます。

長谷川さんは、何もなかったところから人事部を立ち上げ、会社の採用・人材育成制度を構築。8年間で社員数を52名から513名へと10倍にすることで、会社を成長させる起爆剤となりました。

やがて「もっと多くの中小企業の人事部立ち上げに関わりたい」と思うようになった長谷川さんは、その思いを社長に打ち明け、円満退社。晴れて独立を果たします。

「新入社員の給与程度であなたの会社の人事部長を代行します」というビジネスモデルは、零細企業の社長にとって非常に魅力的なキーワードです。ヒューマンリソースの会社でもない限り、人事部を最初につくる会社は少なく、営業力や技術力を売りにして独立する人がほとんどだからです。そこに新入社員の給与程度で人事部を任せられるコンサルタントが入ってくれるのは願ってもないことなのです。

ところが、長谷川さんが独立した頃、世の中ではリーマン・ショックが発生していたため、当初は取引先を見つけるのにかなり苦労した、と言います。

その後、知り合いだった法人営業の保険のセールスマンから経営者を紹介してもらうなど、独立後1年半で、ビジネスを軌道に乗せることに成功しました。

もともと、法人営業の保険のセールスマンは、経営者から相談を受ける立場にあります。しかし、意外に経営者の悩みとは自社の従業員についてであるパターンが多く、困ったセールスマンは、人事のスペシャリストである長谷川さんに相談を持ちかけてきた、というわけです。

現在は、お客さんからの口コミも増え、さらなる事業拡大に向けて、新しいことにもチャレンジしているということです。長谷川さんが、もしSpecialistとしてサラリーマン人事部長を続けていたとしたら、転職市場での相場は、年収1千万円といったところだったと思います。

しかし、長谷川さんはSupporterとして自らの顧客を「所属企業」から「零細企業の社長」に再定義したことにより、新しいビジネスが生まれました。今では独立の自由を得ながらも相場の2倍の収入を得ているそうです。

ここまで、顧客を再定義したことで独立を果たした2つの好例を紹介しました。後天的努力でなんとでもなるSupporter領域に、Specialist領域から視点を変えて参入するのは、裏方にありがちな低単価労働から抜け出すことにつながります。

このように、Specialistとしてのキャリアアップ一択で鎬《しのぎ》を削るのではなく、あえてSupporterとして裏方に回ることも検討に値します。Supporterというと、一般的には、サラリーマンとしても個人事業主としても、下請けの低単価イメージがありますが、やり方によってはブルーオーシャン（競争のない未開拓市場）となります。

事例のお二人は、副業を経ずに独立してうまくいっていますが、いきなり独立をしたことでしなくてもよかった苦労をした経験も語っておられました。本書では、まずは副業で実験をしながらサラリーマンの時給超えを目指すことをオススメします。

私の主宰する副業オンラインアカデミーの会員の中に、長年、保育士をしている方がいます。当初は、自分でも子供を預かる施設を運営することを考えましたが、規制が多くて断念せざるを得ませんでした。

私はその方に、顧客の再定義を勧めました。視線を「子供」から「お母さん」に向けることを提案したのです。これが、顧客を再定義するということです。

現在は核家族化が進み、在宅勤務も当たり前の世の中になりつつあります。しかし、そうなると、ますますお母さんが相談できる場所がなくなってしまいます。だからオンラインで、「在宅のお母さん向けに情報発信をすることで、見込客が見つかるのではないか？」と考えたのです。

キャリアウーマンとして高待遇の保育所を渡り歩くこと、自分の理想の施設を独立・起業でつくること、これらの発想がSpecialist領域の発想です。Supporter領域に視点を移して顧客を再定義することで、低単価のオンラインサロンでも、高単価の富裕層向けのサービスでも、また若い保育士の相談相手になることだってビジネスのタネになります。

こうしてベテラン保育士の知識と経験を欲しがる方へ向けた副業が可能になっていきます。

また、もしあなたがコールセンターにお勤めなら、Specialist として社内でコールセンターの教育係や管理監督者に進むという選択肢以外に、副業として零細企業のコールセンターを請け負ったり、新入社員向けの電話応対の教育を売ったりすることもできるでしょう。

なお、サポーターの仕事でうまくいく人とは、

・対等な立場でものごとを考え、行動できる

・状況を見て、必要かそうでないかが、ある程度、自分で判断できる
・相手が言葉にしないことを汲み取る能力がある
・自分がどこをフォローすることで、相手がより活躍できるのかがわかる
・自分の仕事量の限界がわかっている
・顧客獲得の方法を知っている（もしくは知っているビジネスパートナーがいる）
…といった特徴があります。

リスク分散という点からも、2つ以上の「ジョブ・マトリクス」に関与することは、非常に有効です。
サラリーマンとしてはSpecialistを追求し、副業として専門性を活かすという意味ではSupporterで考えてみることをオススメします。

「誰でもできる副業」とは、Salesのこと

そして、いよいよ副業の大本命、「ジョブ・マトリクス」のSalesについてお話を進めます。

現在、私が主宰する副業オンラインアカデミー「The Second Phase（TSP）」の認定コーチであり、2年間ほどSales領域の副業に取り組んだ後に独立を果たした永井優人さんの事例を紹介します。

永井さんは大学院を卒業した後、研究職として東証一部上場メーカーに就職。将来的には社長を目指す大望を抱いてエンジニアとしてのキャリアを順調に積み重ねてきました。

ところが、サラリーマンとしての収入の限界から、他の収入源を見出そうと書籍を読み漁り、あちこちのセミナーを渡り歩いた後に、私のマネープランコミュニテ

ィの会員となりました。お金の勉強をすればするほど、世の中にはチャンスが多いことを知り、そこで思うように袖が振れないジレンマを感じたと言います。ちょうどその頃、私が実験的に始めたSalesを教えるコミュニティの存在を知った永井さんは、すぐに名乗りを上げてきました。

私と初めて会った当初は、口下手で、目も合わせてくれなかった永井さんでしたが、ここから、大逆転が始まります。

副業としてセールスを始めたところ、メキメキと成長し、副業としてのSalesでの販売実績が2年間の累計で1億円を超えるまでになったのです。これが、私がSalesを「後天的努力でどうにでもなる」副業のオススメ領域と申し上げる所以です。

私が永井さんに伝授した方法論については、第3章以降、じっくりお話ししたいと思います。

永井さんのお客さんになった人たちは、古くからの友人や学生時代の同級生、元同僚、知り合いからの紹介や、たまたま飲み屋で隣り合わせた人など、さまざまです。

サラリーマン時代に役職に就いていたわけでもなく、むしろ愛知県内で交通の便も決してよくないエリアで活動していました。

初めてのお客さんは、会社の後輩でした。商品に惚れ込み、誰かに言いたくてうずうずしていたので、自分が育て、仲がよかった後輩に向かって、熱く商品について語ったところ、後輩のほうから、「自分もそのサービスに申し込みたいです」と言ってきたのだそうです。

これが、「売る」ではなくて「売れる」状態です。

私が副業としてSales領域をオススメする理由として、

・特別な才能がいらない
・売れるようになることで、目の前のキャッシュが増える
・いいビジネスパートナーを見つけやすくなる
・どんな商材も扱えるようになり、時流の変化にも対応できる
・毎日が楽しくなる

…といったことがあります。

他にも、たとえば視野が広がることで、自分の他の才能にも気づきやすくなる、といったメリットもあります。セールスを行う際には、顧客の希望や未来像を考える必要があるため、自然にものごとを客観視できるようになります。

仮に、あなたに高い技術力や能力があったとしても、それが売れなければ「業」

にはなりません。本書で解説するSalesは、そのこと自体が副業として機能するのはもちろん、自分のスキルが商材となる場合にも有効な技術です。

特に先天的な才能を必要とせず、特別なコネや人脈がなくても、自分の腕一本で生きていける。これがSalesを副業にするべき最大の理由なのです。

これからの時代を生きるための〝X2+Yの法則〟とは?

個人事業主を始める際に、どのマトリクスの領域からスタートしても、必ず集客（お客さんを集めること）が必要ですから、
「副業を始めたいけれど、何をしたらいいのかわからない」
「特にウリとなるような特殊技能がない」
…ということであれば、今、あなたの中にあるものを使って、個人事業の商品化を

目指してみてはいかがでしょうか。

これから副業で個人事業主を目指す人に向けて、ある法則をお伝えしたいと思います。

元お笑いタレントの島田紳助氏が、引退前に吉本総合芸能学院（NSC）で行った講義の中で語った〝売れる法則〟です。

島田氏は、講義の中で「X（自分のできること）+Y（時代性）」がマッチしたところに成功がある、と話しています。

自分の能力を見つけて磨くことと、時代の変化を研究すること。この2つが組み合わさって、初めて自分の進むべき方向性が見えてくる、というのです。

島田氏は現役時代、多くの先輩、後輩から「どうしたら売れるのか？」と聞かれても、「わからない」と答えていたそうです。島田氏は、「時代性はわかっても、自分に何ができるのかは、自分にしかわからない」と述べています。

絶えず移り変わっていく時流に乗り続けようと思えば、自らを時代性に合わせて変化させるしかありません。そうかといって、ただ単に流行りに乗るだけでは、一過性のもので終わります。一発屋芸人が、まさしくそれです。

大事なのは、「他人が何を欲しがっているか?」ということです。それが時代性です。

そこに、自分ができることを組み合わせます。

「好きなもの」ではなく、「できること」を、です。

自分の好きなものは、趣味の範囲内で十分です。ビジネスで成功すれば、趣味にも、もっと時間とお金を使えるようになります。

では、「自分のできることとは何か？」というのは、顧客の顔を見ればわかります。

顧客が喜んでいれば、それが自分のできることです。

顧客が喜んでいないのであれば、それは必要とされていないということです。

どんなに自分がいいと思っているものであっても、顧客がいいと思わなければ、ビジネスは成立しません。

ここにも、副業初心者がマーケティング、セールスを始めるべき理由が隠されています。

私たちのように小さい存在は、とても大企業や知名度の高いライバルにはかないません。私たちが唯一、勝てる場所とは、〝自分の行動範囲〟の中にあります。

高額なテレビＣＭよりも、ネット広告よりも、顧客とのリアルな人間関係に勝るものはありません。

個人事業主として起業する際に、もう一つ、必勝の戦略があります。

それは、他人と組むことです。

人間一人の力には限界があります。けれども、他人と組むことによって相乗効果が生まれ、お互いのビジネスの可能性も広がります。

以後、世の中は、ますます不安定化するでしょう。格差が広がり、強者がより強くなっていく中にあって、私たちのような弱者がビジネスで生き残っていくためには、他人との協力が欠かせません。それは、マーケター、セールスを志す者とて同じです。


これからの時代は、「X2+Y」の法則がオススメです。

言うなれば、

「(X(自分のできること)」×X(他人のできること)+Y(時代性)」

です。

自分の個性に、ビジネスパートナーとの個性を掛け合わせた上で、時流に乗る方法を考えるのです。

次に、先述した「ジョブ・マトリクス」がチームビルディングにも有効であるというお話をします。

ジョブ・マトリクスはチームづくりにも応用できる

これまで、「ジョブ・マトリクス」の特徴や副業に活かす考え方について解説してきました。

実は、この「ジョブ・マトリクス」は、それだけではなく、チームビルディングにも効果を発揮します。私自身、どのビジネスを起業する際でも、このマトリクスを念頭に置きながら自分の役割やビジネスパートナーの役割を考えています。

考える順番は、①から時計回りに考えます。①Supervisorの主な検討事項としては、「企画は?」「マネジメントは?」といったことです。チームの一員として参画する場合は、すでに誰かがビジネスモデルを考案し、マネジメントチームをつくっていることも多いでしょうが、自ら副業を立案する場合は、ここは自分が務めることになります。

次に、②Specialistです。主な検討事項は、「誰の専門性を活かすか?」です。自分の専門分野なら自分が入ることもあるでしょうし、専門外なら外部から招聘します。

そして、3つ目が③Salesです。ここでの問いは「このビジネスをどうやって広げるか?」

意外に③Salesについてまったく考慮していない人が多いのですが、どんな商品・サービスでも知ってもらわないと話になりません。自らのチームで行うか、外

チームビルディングの考え方

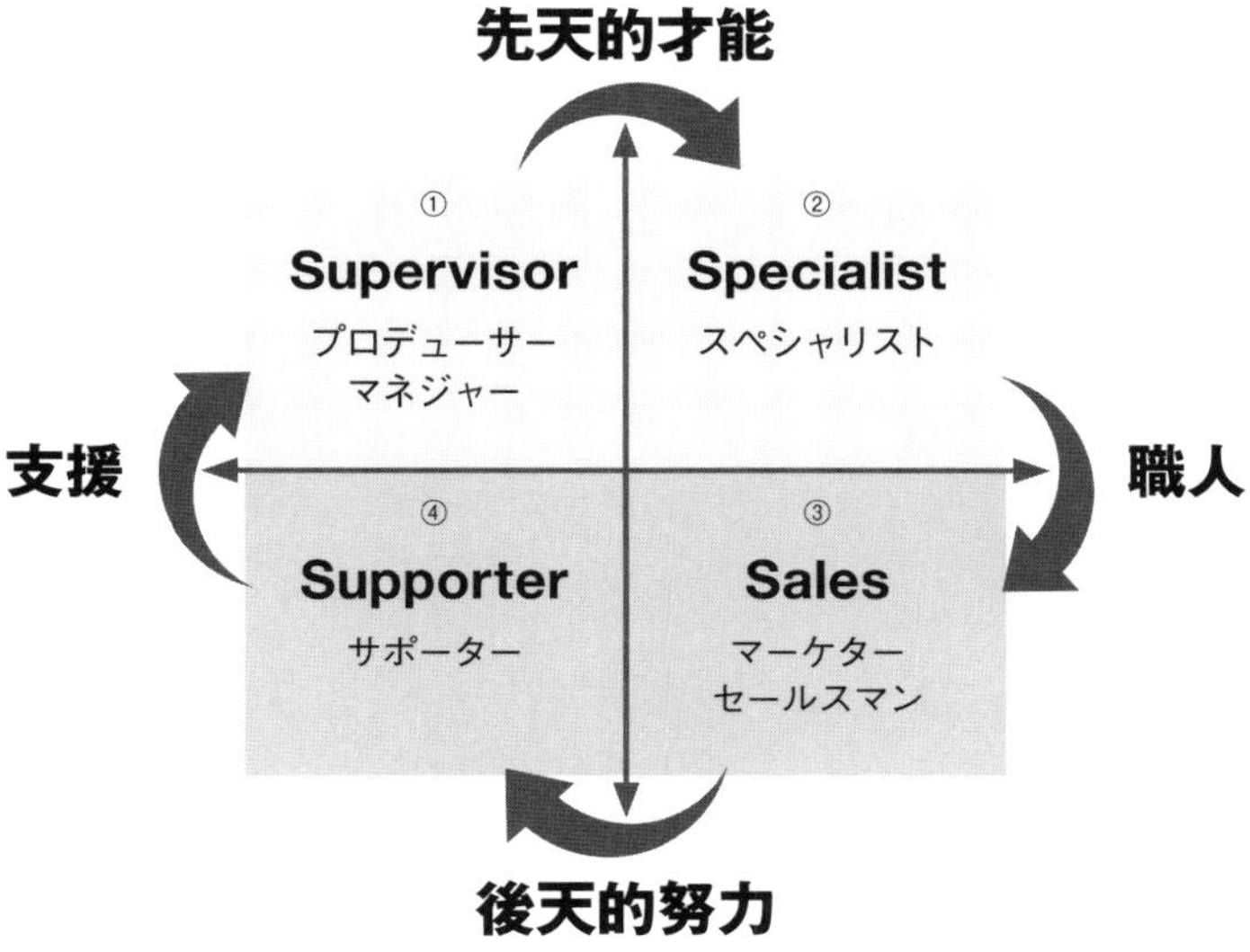

チームづくりを考える順番
左上から時計回りで

見直すタイミング
外的or内的要因により随時
2周、3周と回してチェック

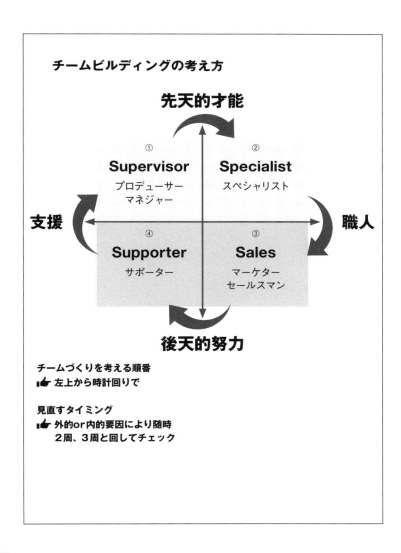

注（顧客を買う）か検討します。

そして最後に④Supporterです。ここでは、全体の業務を見渡しながら、業務の範囲やボリュームに応じて裏方を担うメンバーを定めます。

いくつものビジネスを同時並行している私は、チームごとにこのマトリクス内の役割が異なります。あるビジネスでは①Supervisor、②Specialist、③Salesの3分野で自分自身が関わり、あるビジネスでは③Salesだけで関わり、他人のビジネスにアドバイスする際は①Supervisorとしてのみ、といった具合です。

ちなみに、私の場合は、④Supporterにはまったく適性がないため、何種類のビジネスを並行したとしても、永遠に④Supporterとして参入することはありません。

このように、あなたもサラリーマンとしては②Specialistとして、副業では③

Sales や④ Supporter として、一事業ごとに、チームへの関わり方を考案してみてください。

それでは次の章から、いよいよ Sales の話に入っていきたいと思います。

第3章

副業が売れる仕組みをつくる

私の〝副業遍歴〟

それではセールス、マーケティングを副業にする方法をお伝えする前に、先に私の副業遍歴を、簡単にお話ししておきたいと思います。

これを先にお話ししておくことで、この後、説明するSalesの「なぜ、これをやらなければいけないのか？」に対する答えになると考えています。

私は、サラリーマン時代の後半の10年弱を時計メーカーの社内ベンチャー経営者として過ごしました。

当時、日本で流行の兆しを見せていたアウトレットモールに出店し、型落ちやB級品と言われるアウトレット品を直営店で販売していく事業です。時流に恵まれていたこともあって、事業はすぐに軌道に乗りました。

事業を立ち上げてから3年目には、マネジメントの仕組みも整い、採用した従業員も育ってきて、部下にある程度の仕事を任せられるようになっていました。

私がぼんやりと副業を考えるようになったのは、この頃からです。

「どうして？　事業がうまくいったのに？」と思う人もいるかもしれません。

確かに、私が立ち上げたビジネスは、その頃には一事業部から子会社に格上げされ、ビジネスも順調に成長しました。けれど結局、株式の１００％を親会社に握られており、サラリーマンの身分であることに変わりはありませんでした。

私は、「収入を１ヶ所に頼ることは危険なことだ」と考えるようになっていたのです。

私が最初に手がけた副業ビジネスとは、自分の商品をつくって販売することでした。

私は、社内ベンチャーに応募する前は、海外駐在員として香港で勤務していました。そのため、中国の深圳《シンセン》や東莞《トウカン》にある工場に出入りしているうちに、部品メーカーの社長と知り合いになっていました。

アウトレット事業が軌道に乗り、ビジネスが一段落した頃、日本では、血行がよくなるというゲルマニウムネックレスやブレスレットが流行っていました。

それを見た私は、「中国で安く仕入れたゲルマニウムを、知り合いの時計バンドのメーカーに依頼して流行りのゲルマニウムブレスレットにしたら、もっと安くていい商品がつくれるんじゃないか？」と閃《ひらめ》いたのです。

ちょうど、会社の同期には優秀なデザイナーもいたので、私は早速、自分のアイデアを実行に移しました。こうして、「デザイン」「品質」「コスト」のどれをとっても他社に引けを取らない商品ができあがりました。

私は自信満々で、その商品をインターネット市場で売り出しましたが、まったく売れませんでした。

当時は私も、口コミ効果やインターネット検索で商品が自然に売れていくことを期待していました。しかし、勝手に口コミなど、起きるはずもありません。

ここで学んだ重要なことは、「いい商品だけあっても仕方ない」ということです。もともと、メーカーとは「デザイン・品質を向上させながら、いかにコストを下げるか？」ということに心血を注ぐ世界です。その中にいた私は、マーケットが見えていなかったのです。明らかに品質に勝る商品であっても、適切なマーケティングが合わさっていなければ売れないことを当事者として痛感しました。

たとえそれが、まぐれ当たりしていたとしても、見込客のことを知らずに、「売れそうなもの」を売る商売は長続きしていなかったでしょう。

ですから、お勧めは、「副業初心者は、まずは他人のものを販売するか、業務委託を受けるビジネスから始める」ことです（すでにあなたに顧客がついている場合は、この限りではありませんが)。

最初の副業に失敗した私は、ビジネスの幅広い分野について、猛勉強を始めました。

一体、何を自分のビジネスにすればいいのかがわからなかった私は、ビジネスに役立ちそうなセミナーを片っ端から受講し、書籍も読み漁りました。

その中で当時、新しいサービスとして出てきたメルマガ・ブログ講座を受講しました。今でこそ、個人がＳＮＳなどを通じて自分の声を上げることは当たり前になりましたが、まだ、それらが登場してくる前の話です。

そのブログが人気となり、ブロガー記者会見という自由民主党の試みに指名され、33人の一人として永田町の自民党本部に呼ばれたり、党大会に「文化人」枠として招待されたりしました。ブログでの情報発信を通じて、私は「情報発信が世の中を変えていく」「これからは、個人が力を持つ時代になる」ということをヒシヒシと感じました。

現在、メルマガ・ブログは、私のマーケティング戦略の根拠となっています。私が受講した講座の中には、アフィリエイト講座もありました。私はその講座に、何十万円か支払って受講しました。

その講座の内容は、何百とサイトをつくって、そこでブログ記事を量産し、アクセスを集め、手数料収入を得る、というものでした。ジャンルを問わず、消費者金融や結婚相談所、ＦＸ会社など、ありとあらゆる記事を書きます。

公表されていないGoogleなどの検索エンジンのアルゴリズムを予測し、特に自分自身の強みも興味もない記事をひたすら量産するというビジネスに、私は食指が動きませんでした。

社内ベンチャーで小売業を立ち上げたばかりの頃、私自身も売り子としてお客さんに接し、喜んでいる様子を目の当たりにしました。だから逆に、顧客の顔の見えにくいビジネスにはなじめなかったのです。

この講座のおかげで、かなりネットビジネスには詳しくなったものの、実際にアフィリエイトをやるまでには至りませんでした。

こうして自分の修業時代や副業体験を振り返ってみると、すごく遠回りをしてきたことを痛感します。

この紆余曲折の実体験があったからこそ本書のノウハウが生まれ、そのノウハウを後進に伝授しながらさらに磨きをかけることができました。

本章からは、自分自身と向き合うことや、あなたの顧客と出会うための準備が始まります。一見、地味に思えるワークもありますが、最初にやるのとやらないのとでは、雲泥の差が出ます。

Salesは、確かに後天的努力でどうにでもなる領域ですが、基礎ができていないと、永遠にゼロが続きます。

しかし、一度基礎が身についてしまえば、半永久的にあなたに売上をもたらします。

ぜひ、あなたの副業の一つとして検討してみてください。

動機付けは、いつだって欲と恐怖から

それでは、セールスの売れる仕組みづくりについての説明に入りたいと思います。

仕組みをつくるための前段階として、最初に準備が必要です。その準備とは、「自分の欲と恐怖を書き出す」ことです。

「なぜ、自分の欲と恐怖なの？　セールスって、お客さんに買ってもらう技術でしょ？」と思われた人もいるでしょう。

そんなあなたも「欲」と「恐怖」に向き合うべき理由が３つあります。

①　動機付けは「欲」と「恐怖」以外にない。

人が動く理由は、「欲」に近づくための行為か、「恐怖」から逃れるための行為か、このどちらかに集約されます。どんな善人や聖人君子でさえ、その見え方がどうであれ、「欲」か「恐怖」のどちらかに突き動かされていると考えられます。

②　「欲と恐怖を知る」＝「自分と向き合う」

欲と恐怖に向き合うと、自分の内面との対話が強制的に起こります。やってみた人にしかわからない感覚ですが、どうでもいいことと本当に手にしたいことが少しずつ区別できるようになっていきます。

③　顧客の立場で自然と考えられるようになる。

「顧客の側に立つ」というのは簡単ですが、実際に行うのは難しいもの。しかし、このワークをやっている人は、自在にスイッチが切り替えられるようになります。後述する「ペルソナのつくり方」のところでもこの考え方が役に立ちます。

セールスといっても、いきなり道を歩いている人を呼び止めて、セールスすることなんて、もちろんできません。ですから、自分の顧客を探さなくてはなりません。あなたの顧客になるべき人とは、「あなたの話を聞いてくれる人」のことです。

自分の欲と恐怖を書き出す理由は、自分の将来の顧客を特定させるためなのです。

セールスの基本とは、人間関係にあります。人間関係は、コミュニケーションによって構築されます。その根底にあるのは〝共感〟です。

「この人は、私のことをわかってくれている」「私たちは、同じ思いを共有している」という共感が、距離を縮めます。誰だって、自分のことをわかってくれている人と一緒にいる時は、心地よいのではないでしょうか。あの感覚です。相手の共感を呼ぶためには、相手のことを理解する必要があります。自分の欲と恐怖を掘り下げることは、自分を知り、相手を知るためのプロセスに他なりません。欲と恐怖のワークについてですが、やり方は簡単で、別々の紙に「こうしたい」「こうなりたい」といったことや、「こうなったら困る」「これはイヤだ」といったことを書き出すだけです。

具体的には、2枚のシートを準備し、1枚目のシートには「欲」を、そして、2枚目の用紙には「恐怖」を書き込みます。

ここはじっくり時間を取っても惜しくはありません。あなたの欲と恐怖を書き出してみましょう（巻末にある「無料特典」の書式をダウンロードしてご利用ください）。

取り組む際には、３つのコツがあります。それは、「抽出」「精査」「選出」です。

①【抽出】＝数が多ければ多いほどよい。

最初は、質より量。あまり深く考えることなく、数を出せるだけ出してみてください。「欲」と「恐怖」の項目は、どちらの筆が進みやすいでしょうか？　そういう自分の特性にも注目しながら書き進めてみてください。

②【精査】＝自分と向き合う。

出尽くしたら、今度はそれぞれの項目に共通点や大きさ、そして距離感などを比較しながら何度も眺めてみてください。

③【選出】＝動くための理由が生まれる。

最後に、取捨選択された文章だけを残します。記入した日がわかるようにしておき、いつでも見ることができるところに保存しておいてください。

書き出した欲望が、漠然としていると実現しにくくなります。たとえば、

・健康になりたい→どういう状態が健康なのかがわからない
・タワーマンションに住みたい→場所はどこ？　何階？　なぜ住みたいのか？
・みんなに好かれたい→みんなとは誰のことなのか？　好かれるために何をするのか？
…等々。

具体的な欲望とはどのようなものかというと、たとえば、

・〇年〇月までに、年収１０００万円を達成する
・〇年〇月までに、〇駅近くの１ＬＤＫの家賃10万円の家に住む
…等々。

ここでのポイントは、「５Ｗ３Ｈ」を意識することです。「What」「Why」「Where」「When」「Who」「How」「How much」「How many」の８つを見ながら自分と向き合ってください。すべてを網羅するということではなく、８つを見ながらより具体化させていくイメージです。何が正解かはありませんが、「こんな内容、恥ずかしくて他人には見せられない」と思うくらいがちょうどいいです。

恐怖のサンプルとしては、たとえば、

・お金がなくて、年に1回の海外旅行ができない

・一生このまま、定年までうだつの上がらないサラリーマンで終わる

…等々。

ポイントは、「抽出」の段階で解決策まで考えないことです。数を出すことで見えてくるものがありますし、解決策を簡単に思いつくなら、そもそも恐怖にはなっていないからです。

もし、欲か恐怖のどちらかが極端に偏っている場合は、少ないほうに関して、何らかの理由で自分の感情を抑制してしまっている可能性があります。

ちなみに、私が現在、こうして独立・起業を果たしたのも、もとを正せば「満員電車がイヤだった」ことが挙げられます。新入社員の時に、「こんな満員電車に40年もゆられ続けるのはイヤだ」と強烈に思ったことが、最初のキッカケでした。

こんな些細な恐怖でも、それを突き詰めることで、目標達成の原動力にすること

は可能なのです。

顧客づくりは、たった一人のペルソナから始まる

「セールスの基本はコミュニケーション」だという話をすると、「いや、私はコミュニケーションが苦手で…」と感じている人も多いのではないでしょうか。

しかし、これからお話しするノウハウに関しては、そんなあなたのためにあります。

前の項で、「セールスで大事なのは、相手を理解し、共感すること」だとお伝えしました。実はこれは、私たちが普段、当たり前に行っていることでもあります。

たとえば私たちは、初めて会った人に対して、無意識に共感ポイントを探してい

ます。あなたもよく、相手の出身地を聞いたり、共通の知人を探ったりした経験はないでしょうか。

セールスの場合も、こちらから呼びかけ、それに反応してくれた人に対して、次のアプローチをすることが基本になります。

それでは、どうしたらこちらの呼びかけに応えてくれる人を見つけられるのでしょうか。ここで、必要となるのが〝ペルソナ〟です。

ペルソナとは、マーケティング用語で「理想の顧客」のことを言います。

ペルソナをつくる方法は、主に2種類あります。それが、

1、過去の自分

2、ペルソナに近い人を見つけて、その人をモデリングする

この２つです。

それぞれ、事例を挙げてみましょう。

まずは、１の「過去の自分」です。こちらのペルソナ像のほうが、取り組みやすいとは思います。私も、初めての書籍を出版する際、「30歳の自分」をペルソナに設定しました。そして、そのペルソナは今でも変わっていません。

ここでは、Ｈさんの事例を紹介します。

ある大手小売店で働いていたＨさんは、密かに「将来は自分の店を持ちたい」と思っていました。

やがて店長に抜擢され、「自分の夢に一歩近づいた」というので、はりきって仕事に取り組んでいました。しかし、通常の販売以外に店長業務が加わったことで、気づけば月に４００時間も働く状態になっていました。

Hさんは、身を粉にして働き続けました。そんなある日、ファイナンシャルプランナーをしている友人が店を訪れます。友人は、Hさんの疲れ果てた姿を見て、「このままではカラダを壊してしまうぞ」と説得します。

結局、Hさんは店を辞めました。Hさんが、私のセールス・マーケティング講座を受けたのは、ちょうどこの頃のことです。

現在、Hさんは別の業界に移り、再び自分の夢に向かって努力する傍ら、かつての自分と同じような境遇にある人に向けて、情報発信をしています。

Hさんが情報発信を行うにあたって設定したペルソナとは、

・32歳、独身の雇われ店長
・年収３８０万円、貯金は50万円

・真面目で言われたことをきちんと守る性格
・気弱で口下手。アルバイトを使いこなすことができない
・仕事を自分一人で抱え込んでしまうタイプ
・自分が会社からいいように使われていることに気づいていない
…等々。

ペルソナをこのように設定することで、相手をかなり具体的にイメージできます。このペルソナ像を思い浮かべながら、「この人が必要としている情報やサービスとは何だろう?」と考え、未来の顧客に喜ばれるサービス設計をしていきます。

2のモデリングに関しては、『課長 島耕作』などのマンガでおなじみの、弘兼憲史先生の事例があります。これは以前、弘兼先生と対談をした際に聞いた話です。弘兼先生は、大学卒業後、現在のパナソニックに3年勤めた後に、かねての夢で

あったマンガ家に転身します。

たった3年しかサラリーマン生活をしていなかったにもかかわらず、弘兼先生が、あれだけリアルなサラリーマン像を描き続けることができるのは、「島耕作」の誕生日を自分の誕生日と同じ日に設定し、サラリーマン時代の同僚などに継続して取材を行っているからです。一般的なマンガ家はサラリーマン経験がないため、「いかにサラリーマンを描く時のリアリティを増すか？」が課題となりますが、弘兼先生の場合は「圧倒的なリアリティ」が読者の心をつかんでいるのです。

ペルソナのつくり方

ペルソナは、過去の自分に設定することで、8割方の人はうまくいきます。ところで、なぜ自分自身を対象とするのに、それが見込客に響くのかといえば、「現在は解決できていることが、まだできていなかった当時の自分」がペルソナになるからです。

つまり「すでに解決策を知っている自分が、そうでない人に解決策を提示する」、これがビジネスになります。しかしたいていの場合、人はできるようになってしまうと、できなかった頃のことを忘れてしまいます。だから欲と恐怖のワークと向き合い、ペルソナをつくるのです。

たった一人の悩みの解決や願望を満たすことが、なぜ商売の広がりにつながっていくのか、不思議に思われた方もいるかもしれません。

実は、自分だけが抱えている特殊な問題というのはほとんど存在せず、俯瞰《ふかん》して見ると、他の誰かの問題でもあるのです。したがって、一人の問題を徹底的に解決できれば、芋づる式に他の見込客の問題にもアプローチできるというわけです。一人が抱える問題の周りには何十何万という人がいると考えてください。

ペルソナ像は、具体的であればあるほど、実際のターゲティングがしやすくなります。イメージ的には、「自分がその人の代わりに他己紹介ができる」くらいのレベルになるまで絞り込むのがポイントです。

ここでは、ペルソナがうまく描けない人でもつくれるようになる3つのステップをご紹介します。

ステップ1《ペルソナの基本スペック》

まずは対象者の基本情報を想定しましょう。

・氏名
・性別
・年齢

・職業
・収入
・家族構成
・居住地
・趣味
・休日の過ごし方
・愛用メディア
・老後のライフスタイル
・担当している主な業務
・不安や悩み
・やってみたいこと
・よく検索するキーワード

そして、次にペルソナの心の中を想像します。

ステップ2《ペルソナへの共感》

ペルソナに深く共感するために、頭の中に入り込むプロセスです。他人に共感するためには、五感（視覚、聴覚、味覚、嗅覚、触覚）を基本にして、以下のようなことを想像します。この想像が共感を呼ぶタネになり、相手の立場で自然にものを考えることにつながります。

・ペルソナに見えている、これからの世界はどんなものですか？
・ペルソナに聞こえているのは、誰が発するどんな言葉ですか？
・ペルソナが味わっているのは、どのような考え方ですか？
・ペルソナが嗅いでいるのは、どのような未来ですか？
・ペルソナが触れているのは、どのような習慣ですか？

ここまでできたら、最後にそれを一枚のシートにまとめます。

ステップ3《ペルソナの人物シート》

ここに出てきた人物像は、これからずっと長いお付き合いになっていきます。

ペルソナはたった一人なのですが、たとえその一人の問題を解決したとしても、その周りには同じような悩みを抱えている人がたくさんいるからです。我々が時代によって変えていくのは、ペルソナではなく、商品・サービスなのです。

「ペルソナ設定シート」

氏名		家族構成	
性別		居住地	
年齢		趣味	
職業		休日の過ごし方	
収入		愛用メディア	
老後のライフスタイル			
不安や悩み			
やってみたいこと		ビジュアルイメージ	
よく検索するキーワード			

ＡＢＣ理論で、ビジネスのコンセプトを固める

私が個人事業を始める際に考えたビジネスコンセプトは、「『時間』『場所』『お金』という3大不自由から、どうすればサラリーマンを解放できるのか?」ということでした。

この問いに徹底的に応えるために執筆したビジネス書が、デビュー作の『プロフェッショナルサラリーマン』(プレジデント社)でした。

現在に至るまで、一貫してこのコンセプトは変えていません。

個人事業主がビジネスのコンセプトづくりを行う際に、ここで解説する「ＡＢＣ理論」から考えると、わかりやすいのではないかと思います。この理論は、先に説明した「欲」と「恐怖」や「ペルソナ」と向き合っていた方には、特に効力を発揮

します。

左の図をご覧ください。これが有効なのは、たった一人のペルソナが明確になっているからです。

A地点というのは、未来の顧客が現在いる場所です。言い換えると、A地点とは顧客が意識的・無意識的に解決したいと思っている課題や恐怖のことです。

そうした課題を解決した状態が、B地点になります。その際、顧客をB地点まで導くための媒介となるのがC（商品・サービス）です。

ペルソナが自分自身である場合は、A地点を「過去の自分」、B地点を「理想の自分」と考えると、イメージがわきやすいと思います。

ここから、「お客さんをA地点からB地点に連れていくためには、どんなC（商品・サービス）があればいいか？」と思案します。

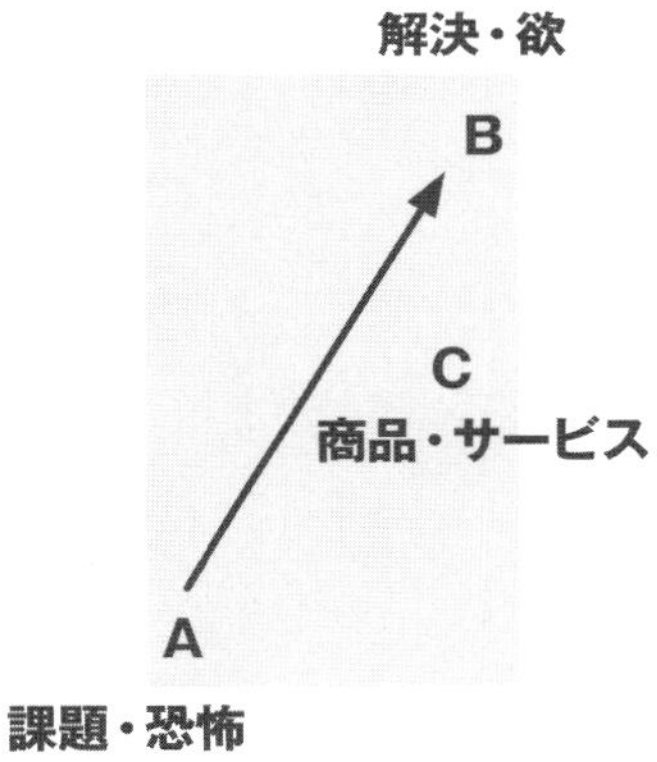

顧客の定義「誰に」「何を」

① A地点→B地点
「誰を？」「どこに？」導くか。

② 語る資格（あなたは何者か？）
「A」も「B」も知っている。

③ 橋渡し（商品／サービスは？）
「A」から「B」に連れていける。

ＡＢＣ理論は、事業のコンセプトづくりや、商品選定の際に、フレームの役目を果たします。

ＡＢＣ理論を考える際に大事なのは、自分がＡ地点とＢ地点の両方を俯瞰できていることです。要は、自分自身もまだ、Ｂ地点（理想の未来）に到達していなくてもかまいません。

たとえ自分も、まだ道半ばではあっても、ＡとＢを知っていることで、「語る資格」が生まれます。顧客をＡからＢに導くことで、よりよい未来をもたらすことができると確信していれば、セールスをすることは可能です。

もともと、人の購買行動とは、ただ単にモノを買うためだけではありません。たとえば洋服を購入するのは、それを着て素敵になった自分を想像するからですし、高い食材を買うのは、美味しいものを食べたいからです。

実のところ、人がモノを買う目的とは、よりよい未来を手に入れるためなのです。

通常は、コンセプトとペルソナが決まった時点で、自然にそれにマッチした商品を探し始めるようになるとは思います。とはいえ、この時点では、まだ売りモノはなくても大丈夫です。

商売の肝は、「見込客リスト」にあり

一般的に、セールスにおいて「リスト」と呼ばれるものには、３種類が存在します。

「白地リスト」「見込客リスト」「顧客リスト」の順番で、それぞれに役割があります。

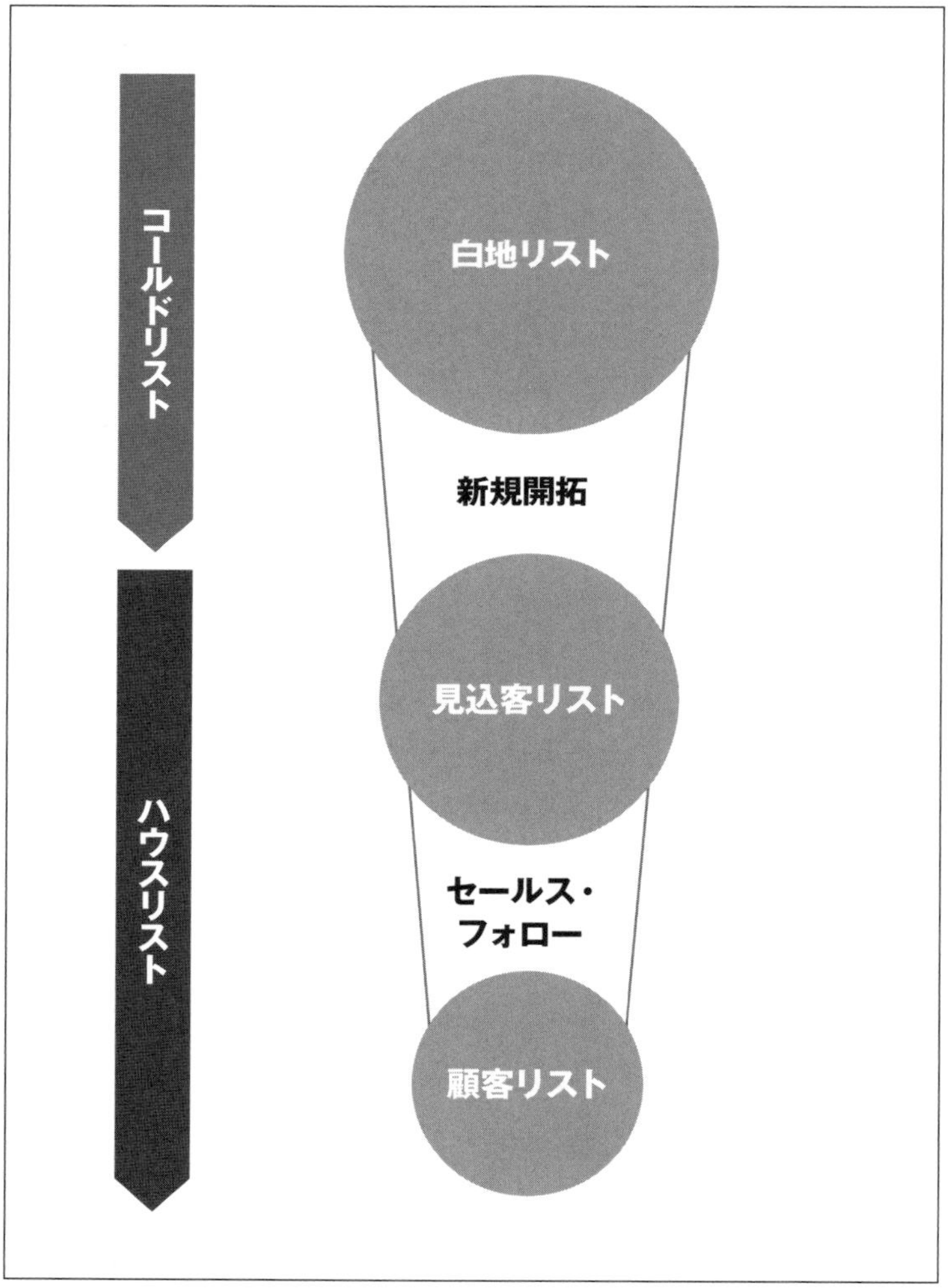
コールドリスト
ハウスリスト
白地リスト
新規開拓
見込客リスト
セールス・
フォロー
顧客リスト

わかりやすくするためにイメージで例えます。白地リストは、「顔と名前が一致しないが同級生だった人」、見込客リストは、「顔と名前が一致する同級生」、そして、顧客リストは、「セールスをした結果、購入してくれた同級生」です。

顧客リストの有用性についての有名なエピソードを２つ紹介しましょう。

①江戸時代の呉服屋は、火事の際は顧客台帳を井戸に投げ込んでから逃げた。火事が収まったら井戸から引き上げ、それを基に商売を再開した。

②アンドリュー・カーネギー（鉄鋼王）は、「私の全ての財産を持っていってもかまわない。ただし、顧客リストだけは残しておいてくれ。そうすれば、私はすぐに今の財産を築いてみせる」という言葉を遺した。

それくらい、商売がわかっている人にとって、顧客リストは大切なものなのです。

「白地リスト」に該当する人は、相手と過去に何らかの接点はあったにせよ、あなた自身がよくわかっていない存在ですから、コンタクトを取れる間柄になることから始めます。「顧客リスト」にいる人は、すでに顧客になった人ですから、アフターフォローや新たな口コミを起こすための行動、商品提案などをしていきます。

ここでは、これからセールスを進める上で1番の肝となる「見込客リスト」について、解説します。ここでいう見込客とは、「あなたがコンタクトでき、新たな顧客になる可能性がある人」のことです。

見込客リストには、声をかけられる人、自分の話を聞いてくれる人すべてをピックアップし、リスト化していきます。

項目としては、「名前」「関係性」「年齢」「性別」「属性」「試食①～⑤」「興味関心ごと」「進捗」といった項目を書いておくとよいでしょう。

候補者一人ひとりを思い浮かべながら見込客となる人の情報を書き込んでいると、自然にその人と共有した思い出が頭に思い浮かんでくると思います。後でセールスをする際に生きてくることがありますから、細かい話でもメモをとっておくといいでしょう。

ひょっとすると、中には「自分の知り合いにモノを売るなんて…」と気後れする人もいるかもしれません。

しかし、先述のように、元来、人の購買行動は、よりよい未来を手に入れるために行われます。

この作業をした人からよく受ける質問として、「見込客リストに挙げた人が、ペ

試食③	試食④	試食⑤	興味関心ごと	進捗

《見込客リスト》サンプル

名前	関係性	年齢	性別	属性	試食①	試食(

ルソナとは思えない場合はどう扱えばよいですか？」というものがあります。

そもそも論として、あなたが見込客リストに挙げた人は、まだ「話しかける権利を持った人」というだけの段階です。

必ずしも、「話しかける権利を持った人」＝「ペルソナ」とはなりません。

あなたが何かしらの商材を扱っている場合、ペルソナとかけ離れていると思わしき見込客リストの対象者と接点があるなら、迷わず興味付けのアクションを行う癖をつけましょう。セールスを日常の一部に溶け込ませる。これがトップセールスの共通点です。

これには、理由が、３つあります。

①　セールスを覚えたら何でも扱える自分になるので、時代の変化でいずれ何かヒットする。
②　自分が「この人はペルソナではない」と勝手に思っただけという可能性を排除する。
③　そもそも、自分に利がある時だけ近づいてくるような人は、永遠に信用されない。

それでは、次項からいよいよ「売れる仕組みづくり」の３ステップの話に入ります。

悩みどころは「何を売るか？」ということ

ここまでお話しすると、次にくる疑問とは、「何を売ったらいいのか？」ということではないでしょうか。

誤解を恐れずに言えば、その答えは、「なんでもいい」です。

以前、私のところに相談に訪れた方で、「デザインができるので、それを活かしてオリジナルTシャツを販売したい」という人がいました。

もしあなたの前にそのような方が現れたら、なんとアドバイスしますか？

もちろん、趣味の範囲で制作し、出品サイトなどに出してみるのはいいと思います。ただし、これがビジネスとなると、まったく話は異なります。

それくらい、先述のＡＢＣ理論でいうところの「Ｃ（商品・サービス）」から考える人が後を絶たないのです。その一つが、先ほど例に挙げた「好きなこと・できそうなこと」を副業にしてしまうパターンです。

しかし、実際は自分の好きなものであればあるほど、その強いこだわりがゆえに、自分本位になってしまう傾向があります。

これは、これまで説明してきた「欲」と「恐怖」や「ペルソナ」がしっかり認識できていないから起きてしまう現象です。

Ａ（課題・恐怖）やＢ（解決・欲）さえわかっていれば、Ｃ（商品・サービス）については「商品がなければ自分でつくればいい」という世界も見えてきます。それくらいビジネスでは、自分を知り、見込客を知ることが大切なのです。

ビジネスの世界では、よく〝目利き〟という言葉が使われます。この目利き力が活きてくるのは、「すでに商品に対して大きな需要が存在していて、その中で何を選ぶべきなのかがわかっている」状態においてです。

もともと、創業したばかりの個人事業主は、資金が限られています。通常、商品開発にはお金がかかりますし、宣伝をしなければ商品は売れません。

すでにお話ししたように、最初は他人のモノを売ることで、自分で開発する手間がなくなります。自分の商品開発は、副業がある程度、軌道に乗ってからで十分です。

ところで、他人のモノを売るといっても、いきなりいい商品に当たるのは、おそらく難しいと思います。ですから、初めのうちは「自分が信じたモノを売る」しかありません。

何度か、トライ・アンド・エラーを繰り返すうちに、目利き力も備わってくるでしょう。

個人セールスの対象になるものとしては、他者の商品を紹介することでマージンを得る紹介ビジネスや、代理店ビジネスなどがあります。

「代理店ビジネス」や「アフィリエイト」といった専門用語が使われることが多いので、難しく感じるかもしれませんが、要は口コミ営業です。

あなたが、「これは！」と思う商材に出会ったら、すべてはセールスのチャンスです。

自分が買い手としてよいと思ったサービスでもよいですし、自分は顧客対象にはなり得ないけれど、世の中が待っているに違いないと確信するサービスでもかまいません（できれば、最初は、モノよりもサービスのほうが取り組みやすいと思います）。

そういうと、「私がよいと思ったサービスは、セールスパートナーは募集していません」という方がいらっしゃいますが、実際には、募集していなくても、交渉すれば取り扱えることも多いのです。

と言いますのも、会社が終わるのは「赤字」ではなく、「お金が回らなくなる時」だからです。

つまり、コストの100％が変動費なら会社は潰れませんから、固定費として営業部隊を抱えるより、変動費として成功報酬を支払う方が高い割合の報酬が出せます。

これは、サラリーマンでもプロアスリートでも同じことですが、同じ能力で高い給与を求めると、歩合給の仕事にたどり着くことが多いと思いませんか。

「このサービスを成功報酬で売りたいのですが」と申し出れば、意外と交渉の土俵には立てるものです。

後ほど、ホームページ作成の依頼を歩合セールスに変えた成功事例を紹介します。

自分にとっていいもの≠売りモノ

副業を始める前にもう一つ考えてほしい視点は、「自分にとっていいものが、必ずしも売りモノに直結はしない」ということです。

事例をお話ししますと、以前、私のコンサルティングを受けにこられた人で、Gさんがいました。Gさんは当時、まだ独立したばかりで、お客さんが一人もいない状態でした。

詳しくお話を伺うと、Gさんはもともと、大手の会社に勤めるシステムエンジニアでした。しかし、人間関係に悩んだ挙句、休職していた時期がありました。Gさんのことを心配した知人が、著名なコーチングの先生を紹介。Gさんは、その先生の指導を受けた結果、すっかり回復し、復職を果たしました。

その技術に感動したGさんは、「自分もコーチングの先生になって、同じような境遇の人を助けたい」と考えます。こうして、コーチング講座終了後、お客さんが一人もいない状態で独立してしまったのです。

独立当初、Gさんはコーチングの力に自信を持っていたので、「みんなにその効果を実感してもらえば、お客さんになってくれるに違いない」と思っていました。そこで、知人に次々と声をかけ、無料お試しをしてもらうことにしました。

ところが、知人たちは無料お試しには応じてくれるものの、誰も「お金を払いたい」とは言ってくれません。

そうこうしているうちに、貯金を使い果たしてしまい、結局、Ｇさんはサラリーマンに戻るしかありませんでした。

もし、Ｇさんがサラリーマンを辞める前に、副業で知人の反応を確かめていれば、このような結果にはならなかったかもしれません。

実は、「自分の好みをビジネスに持ち込まない」というのは、ビジネス用語として使われている「マーケットイン」「プロダクトアウト」の考え方にも通じます。

マーケットインとは、市場や顧客の立場から、顧客のニーズを掘り下げ、商品化することを言います。対するプロダクトアウトとは、開発者側の目線から考え、商品開発を行うことです。

Ｇさんの「自分がいいと思ったものは、他人もいいと思うに違いない」という発想は、まさしくプロダクトアウト的な考え方です。

実際に、プロダクトアウトの発想が、世界を変えてきた一面があるのは事実です。現在の代表的なプロダクトアウト型の企業としては、Google、Apple、Facebook、Amazonといった、いわゆるGAFAが挙げられます。

彼らは、それまでの世界にはなかったサービスを生み出し、顧客に提供することで、世界のトップ企業となりました。GAFAの場合、彼らのサービスを市場が受け入れたという意味では、「GAFA↓市場」のように、矢印が逆向きになっています。

Appleの創業者、スティーブ・ジョブズ氏の有名な言葉に「多くの場合、人は形にして見せてもらうまで、自分は何が欲しいのかわからないものだ」というのがあります。顧客すら意識していないことを、ビジネスにするのが究極のプロダクトアウトだということです。

しかし残念ながら、これができるのは、一握りの人に限られます。

だったら、私たち凡人はどうすればいいのかというと、もちろん「市場→私たち」というマーケットイン思考で考えることです。実際、私が今、行っている事業の中で、自分の好き嫌いや自分にとっていいものを基準に始めたものは、一つもありません。

私のビジネスが、どれも回っている理由は、すべてマーケットインの発想からスタートしているからだと思います。

マーケットイン思考になるためのポイントとは、「マーケットが求めているもので、自分が提供できるものとは何か？」という視点を持つことです。

第２章でお話ししたＸ２＋Ｙの法則を思い出してください。「Ｘ２（自分の能力×他人の能力）＋Ｙ（時流）」理論になぞらえて整理すると、

①「時流」に注意を払いながら、

②「これだ！」と思う商材を見つけたら、

③まず自分で加担・対応できる範囲を考えて、
④難しい部分で誰の力を借りるか考える。

という考え方になります。

「売れる仕組みづくり」には3つのステップがある

ここまで、セールスの前準備についてお伝えしました。ここからは、セールスの「売れる仕組みづくり」について説明したいと思います。

たとえこの時点で、まだ売りたい商品が見つかっていなくても、ここまで解説した準備ができていれば、いつでも売れる状態にしておくことが可能です。

セールスで売れる仕組みをつくるには、次の3つのステップがあります。

第１ステップ：見込客リストをつくる
第２ステップ：試食を準備し、提供する
第３ステップ：オファー、アクションを起こす

売れる仕組みというと、構えてしまう方もいらっしゃいますが、あなたも日ごろからやっていることを仕組み化しているに過ぎません。

たとえば美味しいお店を見つけたり、面白い映画を観たり、素敵な旅先に行ったりしたら、大切な家族や友人に話をしたくなりませんか？

これを意図的に日常の一部としてパターン化します。

第１ステップの、見込客リストについては、先の「商売の肝は『見込客リスト』にあり」のところで詳しくお話ししました。

見込客リストこそ、セールスの根幹とも言えるものです。これがなければ、そも

「セールスの3ステップ」

【売れる仕組み3原則】
① 拒む理由がない奉仕をする。
② リアクションを受ける。
③ 仕分け（フォロー）をする。

STEP 3（随時）

オファー、アクションを起こす

- 手を挙げてもらうことに注力
- 手が挙がるまで次のオファーはしない
  →**「売る」のではなく、「売れる」。**
- **日々の行動を活動経費に（損益通算のフル活用）。**
- **ルーティン化して淡々と行う。**

STEP 2（即時）

試食を準備し、提供する

（拒む理由が見当たらない）
ゴール＝「提案通り動いたら、いいことあった」と感じてもらう

→用意した試食を、誰に、いつ、どのように渡すか？

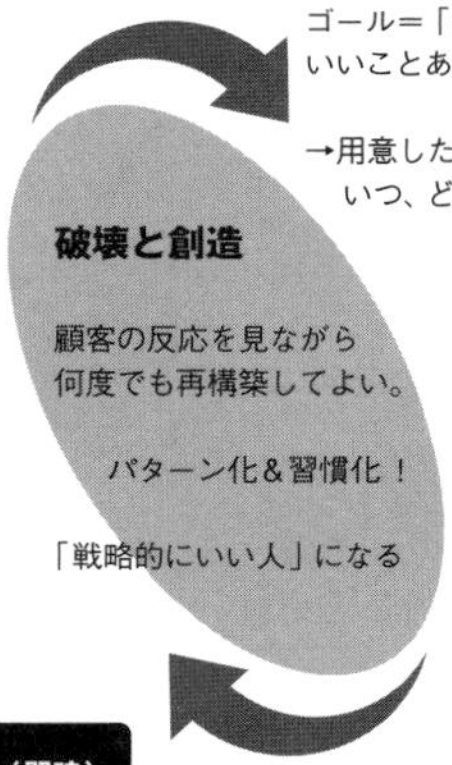
破壊と創造
顧客の反応を見ながら何度でも再構築してよい。
パターン化＆習慣化！
「戦略的にいい人」になる

STEP 1（即時）

見込客リストをつくる

対象者をピックアップ＆更新

- **対象者（who?）**
- **メッセージ（what?）**
- **階段設計（how?）**

***巨人の肩に乗る。**

そも売れる仕組みをつくることはできません。

見込客リストは、一度つくればいい、というものではありません。常に見返し、リフレッシュしていきましょう。

もちろん、リスト上の人数を増やす努力はしなければなりませんが、この人たちは、あくまでも見込客です。この中から、真のお客さんになってくれる人と、そうでない人を選り分けていく作業が必要になります。

見込客リストのリフレッシュについて少し補足しておくと、リストにプラスされる要素は、新しい出会いです。これはイメージがつきやすいと思いますが、一方でリストから減らす努力もしなければなりません。でなければ本当に力を割くべきところが埋もれて見えにくくなってしまうことを防ぐ意味もあります。

減らすパターンは、主に二つです。一つは売れた結果として、見込客リストから顧客リストに移すこと。そして、もう一つが顧客対象から外すことです。

第2ステップは、見込客に対して試食を用意し、提供する段階に入ります。

〝試食〟というと、デパ地下などで行っている、食品の味見のことを思い出す人も多いでしょう。同じイメージでいいのですが、目的は、顧客との関係性づくりです。貢献にフォーカスしながら、〝信用貯金〟を増やしていきましょう。

144ページ図の左上にある、【売れる仕組み3原則】を見てください。①に「拒む理由がない奉仕をする」とあります。

最初のうち、試食は無料か無料に近いものを提供します。たとえば、ビジネス系なら、新聞記事、web記事、ブログ記事やメルマガなどがいいでしょう。試食用に、事前にいくつか記事をピックアップしておいたり、カテゴリーごとにまとめて、引き出しのように、いつでも取り出せるようにしておいたりすると、いざという時に素早く提供できます。

こちらから何度か試食を行うことで、相手の関心が高まってきたら、関係書籍を購入してもらったり、導入セミナーを紹介したり、少しずつハードルを上げて本命に近づけていきます。

仮に、見込客が久しぶりに会う相手だった場合、まずは信頼関係の構築に力を注ぎます。情報提供は、必ずしも商品に関することである必要はありません。

たとえば、「最近、結婚した」という相手であれば、「カップルが行くのにちょうどいい雰囲気のレストランがあるから教えてあげよう」でもいいですし、「管理職になった」という相手には、自分が読んで役に立ったマネジメントの本を紹介するのでもいいでしょう。

このようにして、相手との関係性を築きながら、提案→貢献を繰り返します。

注意点としては、情報提供（試食）を行ったら、必ず相手のリアクションを確認するようにしてください（【売れる仕組み3原則】の②）。ありがちなのが、情報提供をして終わり、というパターンです。

試食を行う際は、きちんと目的を持って情報を提供することが大切です。いい人になるだけでは、売れる仕組みをつくれません。

こちらがアクションを起こせば、相手からは、必ず何かしらの反応があるはずです。「おもしろい」、「興味がない」といった端的な反応から長文にわたる感想まで、きちんと相手のリアクションを確かめるようにしましょう。

基本は、相手から「もっと欲しい」というシグナルを感じてから、次のステップに進んでもらうようにします。

万一、相手のリアクションを待たずに、「あなたには、これが絶対に必要だから」と商品を売り込んだりすると、押し付けになってしまいます。あくまでも、買うか買わないかは、相手に100%決定権がある、ということを忘れないようにしましょう。

このようにして見込客に当たり、相手が自分のお客さんになってくれるかどうか?を仕分けします（【売れる仕組み3原則】の③）。

仕分けには、「相手に次の段階に進んでもらうか?」「今は待ちの状態か?」「リストから外すか?」の３つがあります。もちろん、必要に応じてフォローは入れます。

たとえリストから名前を外したとしても、別の商品のお客さんになる可能性はあります。お客さんや扱う商品が増えてきたら、商品ごとのリストをつくったほうがいいでしょう。

売れる仕組みの最後のステップが、「オファー（商品提示）」です。ここでも、売り込みなどは一切しません。判断材料を提示し、満足条件を確認します。

相手から「これを買いたいです」と手が挙がれば見込客リストから顧客リストに昇格させます。手が挙がらない人を追いかける必要はありませんが、NOはしっかりともらってください。

セールスを行う側の基本戦略とは、売れる仕組み3原則に徹することです。

以上が、売れる仕組みづくりの概要です。

セールスに失敗しても、人間関係は崩れない

売れるセールスの仕組みとは、顧客一人一人に対してカスタムメイドをすることに他なりません。

あなただって、誰かから関心を寄せられ、自分の興味あることに対して、「こんなのがあったよ」と記事を探してきてくれたりしたら、嬉しいですよね？

どんな人だって、自分が欲しくもないものを押し売りされれば、「買わされた」とイヤな気持ちになるでしょう。

でも、そうではなくて「あ、ちょうどこんなのが欲しかったんだよ」というものを、向こうから差し出されたら、素直に喜ぶのではないでしょうか。このようなシチュエーションで、「買わされた」と思う人はいないはずです。

セールスの本質とは、相手が欲しいと思いながら、知ることができなかった情報を伝え、相手のお悩み解決の手助けをすることにあるのです。

ですから、売れる仕組みの３ステップを習慣化し、日々の生活の中に落とし込めば、誰でも普通に売れる人になっていきます。日常生活に大きな負担もなく、特別な知識や才能もいりません。

これが、本書が副業としてのセールスをオススメする理由です。

そうはいっても、やはり「知っている人にセールスをするなんて、どうしても気が引ける」「万一、セールスに失敗したら、人間関係が壊れてしまうのではないか」などと考える人が多いのではないかと思います。

結論を先にお伝えしますと、たとえセールスに失敗し、相手が買わなかったとしても、人間関係は崩れません。なぜなら、売る側に買うかどうかを決める権利は1ミリもないからです。

買うかどうかを決める権利は100％、相手にあります。こちらはただ、相手が判断しやすいように、情報を伝えているに過ぎません。逆に、それしかできないのです。

結局、押し売りをする人は、売るのに必死でお客さんのことが見えていないか、もしくは、本当は自分でも売りたくないものを売っているかの、いずれかでしょう。でなければ、相手がイヤがることを、あえてするわけがありません。

一方、売れるセールスマンは、自分が相手の悩みを解決したり、希望を叶えるための手段を知っていながら、それを相手に教えないのは、かえって失礼だと考えています。

あなたも、もし目の前にいる大切な人が、何かで悩んでいたとしたら、話を聞いて、自分が知っている解決策を真っ先に教えるのではないでしょうか。セールスも、それと同じことです。

大事なのは、「よい商品に出会うための行動」と「商品を深く知ろうとする努力」を心がけることです。これらの努力をすることで、相手に合わせた対応ができるようになります。それができれば、相手から傷つくような反応をもらうことはありません。

もし、相手のお役に立てるオファーをしただけで、人間関係が壊れたのだとしたら、それはオファーとは関係なく、すでに関係性が崩れていたからではないでしょうか。

いずれにせよ、選ぶ権利は相手側にあるのですから、こちらは良い商品を、自信を持ってオススメしていきましょう。

どのようにすれば「売れる」になるのか?

ここまで一通り、売れる仕組みづくりについて説明してきました。とはいえ、説明を読んだだけでは、今ひとつピンとこない人もいるのではないでしょうか。

そこで、第2章にもご登場いただいた、永井優人さんの事例をお話しすることにしたいと思います。永井さんは、私が主宰する副業オンラインアカデミーの前身にあたるグループの受講生として、2年間で1億円を超えるセールスを記録し、独立に至ったことは、すでに述べた通りです。

永井さんが、最初に見込客リストでピックアップした人数は、１００人くらいでした。この数字は、他の受講生と比べても、特に多かったわけではありません。サラリーマンとしては、平均くらいの数字です。

永井さんが初めて販売した商品は、私が当時、共催していたマネープランコミュニティでした。自身、受講してみて「これからの世の中には、絶対にこのサービスは役に立つ」という確信から、商材として選びました。

もともと、人付き合いがあまり得意でなかったそうですが、お付き合いのある人に対しては、耳寄りな話をするのが好きだった、と言います。

たとえば、面白かった映画の話とか、コンビニの新商品を試してみてどうだったか、といったことを、休み時間に同僚などとよく話をしていたそうです。

ですから、私の副業オンラインアカデミーの講義を聞いて、「自分がいつもしていることにプラスして、話し方や伝え方を磨けば、それが収入になるんだ」と開眼したのです。

永井さんは、見込客リストを作成しながら、私の書籍、ブログ、メルマガなどを読み込み、記事のURLにサマリーを加えたものを一覧表にしてまとめ、いつでも出せるようにしました。

これを試食としてフル活用することで、お客さんとの信頼関係を強化。

まさに、〝教え〟を愚直に実行したわけです。

もちろん、最初からうまくいったわけではありません。初めの頃は、3ヶ月くらいアタックし続け、結局、買ってもらえなかったこともあったと言います。

これを教訓に、「仲がいいから買うわけじゃない。大事なのは、本当に必要としている人に紹介することだ」と思考を切り替えてからは、数字が伸びていったということです。

ところで、見込客リストの中には、当然「最近、しばらく会っていない」という人も含まれています。そういう人に対しては、どう対応すればいいでしょうか。

結論は、「もう一度、接点を持つ」です。会いに行けば、「最近はどう？」といった話になるのが自然です。

相手の話を聞きながら、「こういうことに興味があるんだ」「ああ、子供が生まれたんだな」など、今、何に関心を持っているのか、何を必要としているのか？を、つかんでいきます。本当に久しぶりに会う人であれば、何も言わずに終わるのは、普通です。

ここから、どうやって話を自分のほうに手繰り寄せていくのかというと、たとえばお互いの近況報告の中で、「この間、海外の視察ツアーに参加したんだ。海がキレイでね…」などと話しながら、携帯の写メなどを見せます。

相手から、「キレイだね。何の視察?」と聞かれれば、「実はこういうコミュニティがあってね…」というように話を切り出します。

試食は、どのようにして提供するのでしょうか?

たとえば、知人から「これからの世の中は厳しくなるよね。今、ふるさと納税を調べているんだ」などという話題が出たら、「それだったら、こういう記事があるよ」と、あらかじめ用意しておいた記事の中から選んで携帯に表示し、相手に渡します。

本当に興味のあることだったら、相手は必ず読むものです。

また、ネットなどで見込客が興味のありそうな記事を見つけたら、その都度、SNSなどでURLを送ってあげるのも効果的です。そうすると、たいていは向こうから、「読んだよ。ありがとう」と返事があるそうですが、なければ1週間後くらいに、「あの記事、どうだった？」と反応を見ます。

セールスの基本スタイルは、「聞かれたら答える」というもので、決して自分から売り込むようなことはしません。

ただし、アプローチに対するリアクションは必ずもらいましょう。

確かに知人といえども、中には胡散臭そうな目で見る人もいるかもしれません。

しかし、セールスをすることによってお客さんから喜ばれ、「購入してよかったよ。ありがとう」という言葉を浴びているうちに、「もっと多くの人に喜んでもらいたい」というマインドに変わり、他人の目も気にならなくなります。

セールスで稼げない人の3つの共通点とは？

「一生懸命やっているのに、なかなか買ってもらえない」

「お客さんのことを思っているのに、相手に伝わらない」

世の中には、このように考えているセールスマンが大勢いると思います。


私の目から見て、このような売れないセールスマンに共通している点が3つあります。それは、

1、セールスの基本がわかっていない
2、顧客が見えていない
3、商品に確信がない

この3つです。

逆に言えば、この3項目が網羅されているのであれば、自分の売りモノがないという人でも、副業で他人のモノをセールスすることから始めれば、今の自分のサラリー超えを目指すことは十分に可能です。

それでは順に、説明していきましょう。

もう一度、１４４ページの「セールスの3ステップ」をご覧ください。

売れない理由１「セールスの基本がわかっていない」について、多くの売れないセールスマンが陥りがちなのが、図の第1ステップと第2ステップを踏まずに、いきなり第3ステップのオファーを出してしまうことです。

セールスの相手は、顔見知りが基本ですので、すでにある程度の信頼関係はできています。けれども、オファーを出す時というのは、相手が「この人は、私以上に私のことをわかってくれている」という状態になっていなければなりません。

この状態にまで持っていくのが、先の2つのステップなのです。


ですから、この2つのステップを省略することはできません。なのに、たいていのセールスマンは、相手が少し自分の話を聞いてくれただけで、「この人とは信頼関係ができている」「買ってくれるに違いない」と早合点してしまうのです。

私はよく自社の社員に「選ばれるようになってから選べ」と言っているのですが、まずは貢献に徹することで選ばれる自分になりましょう。


続いて、売れない理由2の「顧客が見えていない」についてですが、これも売れないセールスマンに共通しています。

顧客が見えていないということは、そもそも、アプローチしている相手が、本当に自分のお客さんになり得る人物なのかどうか、わかっていない可能性もあります。

本章で力説したペルソナを無視して進めてしまうと、「できること」や「好きなこと」をいきなりビジネスに結びつけてしまおうとしてしまいがちです。これらが初心者に不向きなのは前に述べた通りです。

このような状態で、商品をオファーすれば、「怪しいビジネスでも始めたんじゃないか？」と疑われてしまうのも、無理はありません。つまり相手が疑いを抱いてしまうのは、商品のせいではない、ということです。

次に、売れない理由３の「商品に確信がない」についてですが、一つ事例をお話ししましょう。

私の副業オンラインアカデミーを受講していた人の中で、「売れない」と悩んでいるＤさんがいました。サラリーマンのＤさんは、職場でもみんなから頼りにされ、自分から懇親会を主催したり、仕事に関する勉強会を開いたりと、積極的に活動していました。

それなのに、Dさんは無料のオファーすら出せずにいました。

私が「なぜ、それだけの信頼関係を築けているのに、無料のオファーが出せないのですか？」と聞くと、「たぶん私が、みんなを導けていないのだと思います」とDさん。

さらに話を聞いていくと、実は第2ステップの〝試食〟をきちんと提供していないことが判明しました。Dさんは、1、2回情報提供をして、相手から何の反応もないと、諦めてそれ以上の情報提供をやめてしまっていました。

さらに突き詰めていくと、問題の核心が見えてきました。私が「Dさんが、最後に導入セミナーに参加されたのはいつですか？」と聞くと、「このコミュニティに入会する前です」と言いました。もう1年以上も前のことです。

Dさんは、自分の商品に対する確信を持てないまま、商品を売ろうとしていたのです。

このこと一つとっても、売れる人は違います。永井さんは2年間で30回以上も同じ導入セミナーに参加しているのです。講師である私の口ぐせや決め台詞を完全に自分のものにし、日ごろの会話で自然と口にするようになったところ、明らかに周りの反応が変わったそうです。

もちろん、Dさん自身が会員になっていますから、サービスのよさは知っていました。しかし売るとなったら、それだけでは足りません。

「商品に確信を得る」というのは、相手のどんな疑問にも答えられなければいけない、という意味ではありません。むしろ大事なのは、顧客を理解していることです。

結局、Dさん自身の「確信を得られていない」という不安感が、相手に伝わっていたのです。

「売れる」人の共通点として、見込客から質問を受けることは「チャンス（期待）」

だと思っていることが挙げられます。逆に、「売れない」人は、見込客からの質問は「ピンチ（不安）」だと思っています。見込客から質問を受けたら、あなたが即答できるかどうかは、二の次です。適切な回答をすることにより、相手は期待を膨らませ、不安を打ち消す機会を設けてくれたことになるのですから。

私は以前、機会があって、元セブン&アイ・ホールディングスの会長兼CEOだった鈴木敏文氏の講演を拝聴したことがあります。

鈴木氏が現役時代に同社でチャーハンを開発し、まもなく発売しようとしていた時のこと。鈴木氏がそのチャーハンを試食し、発売に「待った」をかけました。

商品はすでに流通し、後は発売日を迎えるだけ、というところまでいっていたそうですが、鈴木氏が待ったをかけた理由とは、「商品に確信が持てないから」だったと言います。

商品はすでに準備されていたこともあり、損失額は実に3000万円。破棄することになったのですが、「では、社員に配っていいですか？」というお伺いにも、きっぱり「ＮＯ」と言ったそうです（顧客に出せないと自分が判断したものを社員なら問題ないという発想はなかったのでしょう）。

実は、これまで鈴木氏は、ローソンやファミリーマートなどの店舗には入ったことがないそうです。通常であれば、他社を視察し、自社と比較をするところですが、鈴木氏はひたすら「自社の顧客と商品に向き合ってきた」というのです。

「自分の顧客と商品を知る」ということの大切さが、ご理解いただけたのではないでしょうか。

〝アフターコロナ〟時代のセールスを考える

本書を執筆している現在（２０２０年5月）、世界中が新型コロナウイルス問題に揺れています。おそらく流行は下火になったりぶり返したりしながら、完全に平常の状態に戻るまでには、年単位の時間がかかるでしょう。

こうなってくると、「人と会うこと自体が難しいのに、セールスをするなんて無理なんじゃないの？」と思われる人がいるのも、もっともな話です。

先に結論を申し上げますと、人と直接会えなくても、セールスは問題なくできるし、基本パターンも変わりません。

だったら「何が変わるのか？」といえば、世の中の常識が変わります。

遅かれ早かれ以後はオンラインがメインになり、オフライン（対面）が例外になっていく、ということです。

すでに、その兆候は表れています。たとえば、私は社会人向けのセミナーを開催していますが、初めのうちは「オンラインセミナーにするなら、次回にします」と言っていた受講希望者が、わずか数ヶ月の間に「オンラインセミナーがいいです」というように変化してきています。

今は「新型コロナウイルスが怖いから」という理由で、やむなくオンラインを受け入れていた人たちも、やがてそれが当たり前になるまでに、さほど時間はかからないでしょう。

サービス業など、完全にオンライン化することが難しい業態があるのも事実ですが、これまでの「実際に会って話を聞いてから、買うかどうかを判断しよう」という常識が、確実に変わってきている感があります。

実のところ、変化を受け入れなければいけないのは顧客側ではなく、サービス提供者の側なのです。

これをキッカケに、オンライン化は急速に、多くの業界で進むでしょう。

あなたが「オンライン化が一番難しいのでは?」と思う業態にはどんなものがありますか?

たとえば、「お見合い」ではないでしょうか。

ところが、自宅待機によるオンライン化の習慣により、ネットお見合いによる交際成立率が、対面に比べて20~30%高くなっています。

これには、有事の絆《きずな》需要という側面もあるとは思いますが、男女の真剣なお付き合いでさえ、「会う」ということはツールに過ぎないことを物語っています。

他にも、教育業界にも変革が訪れています。

現状では、文部科学省が「学校は、対面指導なしでは原則、単位として認めない」と言っているものの、新型コロナウイルス問題が長引けば、そうも言ってはいられなくなります。

これまで規制に守られてきた学校も、やがてオンラインに対応せざるを得なくなるでしょう。

すでに学校に行かなくても、ネット上には、無料の教材があふれています。いちいち教科書などを暗記しなくても、キーボードを叩くだけで、すぐに答えが見つかる世の中です。

もちろん、学校の価値はそれだけではないにせよ、これからは、より新しい価値観を打ち出す必要性に迫られるでしょう。

教える側の対応が遅々として進まないのは、オンライン化によって、教室の座席数や移動時間の限界といった壁がなくなると、「もっとも優秀な先生の講義を実況中継すればいい」となってしまうからです。その中継は見える化もしやすいですから、序列も付けやすく、登壇機会を得られなくなったその他大勢の先生は、教えることから登壇する先生のサポートに回る可能性があります。

当然ながら、これはサラリーマンにも言えることです。

これまでは、何はともあれ会社に行き、就業時間をそこで過ごせば、サラリーマンの収入はある程度は保証されてきました（歩合制などを除く）。

しかし、以後「仕事は家でやっていい」となれば、時間は関係なくなります。ほとんどの人が、仕事の成果で評価される世の中がやってくるのです。まさに、〝強制働き方改革〟と言っても過言ではない状況です。

セールスも例外なく、こうした変化から大きな影響を受けるでしょう。

たとえば、学校や仕事の多くがオンラインでのやりとりになれば、「人と知り合う機会が少なくなる」「同じバックボーンを持つ人が減る」「信頼関係の構築が以前よりも難しくなる」…といったことが考えられます。

確かに、こうした変化に対応する必要はあるものの、セールスの３ステップ自体が変わることはありません。

第4章

副業を維持・発展させる

なぜ、マーケティングが必要なのか？

この章では、副業を加速させるための仕組みとして、ここからSalesのもう一つの柱であるマーケティングについて解説します。

先述の「ジョブ・マトリクス」の4Sでは、便宜上Salesという単語で表現してありますが、機能としては2つが存在します。

それが、「セールス」と「マーケティング」の2つです。

端的に言うと、マーケティングとは集客、つまり見込客を集めることです。それに対して、前章でお伝えしたセールスは成約、つまり見込客を顧客に変えることになります。この2つは似て非なるものですから、ここで改めてしっかり区別しておきましょう。

それでは、集客のために何をすればいいのか？というと、個人でも手軽に始められるのが「自分のメディアを持つこと」です。自分のメディアを持つとは、要は「あなたが発信する場をつくる」ということです。これなら、基本的に元手がかかりませんし、自分にとっての当たり前の世界がフィールドです。

なぜ、あなたが発信することで、見込客が集まってくるのでしょうか？　私の事例をお話ししましょう。

これはまだ、私がサラリーマン経営者として、社内ベンチャーで立ち上げた店を経営していた頃の話です。先に述べたように、私は時計のアウトレットショップを14店舗オープンし、運営していました。

店はアウトレットモールの中に出店していたため、全国に散らばっています。

私は経営者として、定期的に店を巡回していましたが、ある時「なんだか、いつも同じことを言っているな?」ということに気づきました。店長やスタッフが見えていないところが、だいたい同じだったのです。

そこで、最初は「私の話した内容を部下に筆記させて、それを全店で回覧してはどうか?」と考えました。ところが、部下に書かせてみると、私が言ったこととは違う内容が書かれていたり、他のスタッフに読ませても、理解できなかったり。「理解していない人に書かせてもダメ」だということに気づいた私は、結局、自分で話をしながら、その内容をメモすることにしました。

当時は、インターネットでブログが出始めの頃で、世間では、堀江貴文さんのライブドアブログが人気を博していました。

ちょうど、メルマガ・ブログ講座を受講していた私は、「ブログを書いて、ネット上に掲載しておけば、全国に散らばっている店のスタッフが、いつでも見ることができるだろう」と考えました。

これが、私がブログを書き始めた動機です。ですから、最初はアクセスがなくてもまったく気にしていませんでした。私は、社内に「ブログを書いている」ことを通達し、部下に向けて、店舗運営のコツをせっせと書いてはアップしていました。

ところが、これを続けていると、なぜかスタッフの数を大きく超えるアクセス数が集まるようになりました。「自分の部下」というペルソナに向かって文章を書いているうちに、いつの間にか同じ悩みを抱える会ったこともない読者の心にも届いていたのです。

前の章で、セールスとは基本的に自分が知っている人を対象にする行為だとお話ししました。しかしそうなると、当然ながら自分の知り合いの数は限られてきます。

セールスで一番困るのは、見込客リストが枯渇することです。もちろん、自分がいいセールスをすれば、お客さんからの口コミも増えてくるとはいえ、それにも限界があります。

再び、144ページの「セールスの3ステップ」をご覧ください。

お気づきでしょうか？　第3章で第1ステップと第2ステップは省略できないと述べましたが、実は、マーケティング活動をすることによって、セールスの3ステップのうちの、この2つのステップは、省略することが可能です。

自分メディアを持ち、そこにあなたが日々発信し続けることで、少しずつリピーターが蓄積されていきます。

いわば、メディアが見込客リストの代わりとなり、メディアの中のコンテンツが、そのまま見込客への〝試食〟となるわけです。

マーケティングを通じて、〝見込客〟と出会うには

「なんだ、マーケティングをすればセールスの第1ステップ、第2ステップが省略できるなら、初めからマーケティングをすればいいじゃないか？」と思う人もいるでしょう。

なぜ、本書がマーケティングよりも先にセールスをご紹介したのかというと、マーケティングは、結果が出るまでに時間がかかるからです。

人は、なかなか反応が得られないものを続けることが苦手です。マーケティングが、まさにこれに当てはまります。

一方、セールスは即効性があります。相手の反応をダイレクトに得られるのも、セールスの醍醐味です。

例えるなら、セールスが「狩猟」であるのに対して、マーケティングは「農耕」

のイメージです。

先に即効性のあるセールスから始め、自分のビジネスへの確信度を深めつつ、マーケティング活動を行うことで、新規顧客を獲得し、連続性が生まれます。ビジネスを継続させるための仕掛けとして、マーケティングが非常に有効であることは、私自身も実感しています。

すでにお伝えしたように、本書でいうマーケティングとは、自分の主張を発信する場をつくることです。要は、ブログ、メルマガ、SNS、動画サイトなどを使い、「定期的に情報を発信する」「自分のコンテンツを発表する」ということです。

こう言うと、「いや、私は別に言いたいことなんてありません」「何を書いたらいいのかがわかりません」と言う人も多いでしょう。

そのために必要なのが、第3章でお話しした「ペルソナ」と「ABC理論」です。

最初にペルソナを決め、ＡＢＣ理論でコンセプトを作成し、それに沿ったコンテンツをつくることで、見込客に届きやすくなります。

先の項でお話しした、私がブログを始めた事例を思い出してください。

私はサラリーマン時代、「自分のスタッフ」（ペルソナ）に向かって、「仕事に対するノウハウや考え方を伝える」というコンセプトに基づき、ブログを書いていました。

結果的に、それが多くの読者の心に届いていたわけですが、それができたのは、「誰に」「何を届けるのか？」ということが明確になっていたからに他なりません。

セールスを始める際に、最初に行った欲と恐怖のワークやペルソナ、ＡＢＣ理論などが、ここでも活きてくるわけです。

そうはいっても、ネット上には、すでに星の数ほどのコンテンツが散乱しています。

「その中から、どうやって見込客に自分のコンテンツを見つけてもらえばいいのか?」という疑問が浮かぶのも、もっともなことでしょう。

それに対する答えが、「語る資格」です。

ネット上では、あらゆる人が、あらゆる主張を展開しています。

ところが、よくよく見ると、同じようなことを言っているのに、

「こっちはものすごくアクセスが集まっている」

「でも、こっちには全然アクセスが集まっていない」

…ということが、普通にあります。

もちろん、知名度の違いもあるでしょう。それに加えて、実際に会ったことのない人同士がネット上で知り合い、関係性を構築するには、「主張の一貫性」と「納得感」がポイントになってきます。

主張の一貫性とは、言っていることに筋が通っているのはもちろん、コンテンツにも、ある程度の統一感が必要です。「この人は、いつも言っていることが違うな」というようでは、相手に胡散臭いと思われてしまいます。

もう一つの納得感というのは、読者に「その通りだ」「この人の言うことには説得力がある」と思ってもらうことです。

もともと人は、相手の肩書や経歴などから、ある程度のイメージを持ちます。たとえば、執筆者が弁護士であれば「法律に精通している人」とか、数学者であれば「数字に強い」「頭の回転が速い人」などといったように、です。

世間によくあるアフィリエイトを始めても、ほとんどの人が稼げない理由がここにあります。

ただ単に「儲かりそうだ」という理由だけで、いきなり商品に関するブログなどを書いたところで、読む人がいないのは、そこに主張も納得感もないからです。

マーケティングを志す人で、まだペルソナ像やＡＢＣ理論を構築できていない人は、ぜひ第３章に戻ってワークをやってみてください。

たとえ「いや、私にはそんなすごい肩書なんてありません」という人でも問題ありません。あなたがこれまで多くの時間とお金をかけてきたこと。そこにダイヤの原石が隠れています。

「ペルソナ」「コンセプト」「語る資格」の３点セットがしっかりと揃っていれば、周辺読者（視聴者）が、少しずつ集まってきます。

どんなコンテンツをつくればいいのか？

初めてコンテンツをつくるとなれば、

「難しそう」

「やったことない」

「文章なんて書けない」

「動画なんて撮れない」

「ネタがない」

…と尻込みしてしまうのも、無理はないと思います。


でも実は、コンテンツ制作という言葉が難しく聞こえるだけです。コンテンツづくりは、ほとんどの人が毎日、無意識に行っています。

本書をお読みの多くの人が、連絡ツールとしてSNSを使っていたり、メールをしたり、動画を撮って家族に送ったり、といったことをしているでしょう。

今まで、「こんなに美味しいものを食べたんだよ」といっては食事の写真をアップし、「あそこの景色は最高だった」と言っては風景の写真をアップしていたと思います。

日々、自分の感情が動いたことを、自分と近しい人に対して発信し、体験を共有していたはずです。

コンテンツ制作とは、今まで何気なく行っていたこれらの発信作業を、以後は対象者を広げて意図的に行う、ということです。

これからは、「誰に」「何を伝えたいのか?」という観点から、自分の未来の顧客に対して、見せたいもの、意識してもらいたいもの、気づいてもらいたいこと、目指す将来像などを打ち出していくようにするわけです。

それでは、実際にどのようなコンテンツをつくっていけばいいのでしょうか?

もっとも手っ取り早いのは、以下の方法です。

1、自分が普段、フォローしたり、定期的にチェックしている人のコンテンツの中から、その日、自分が主張したいことにもっとも近い記事を選ぶ

2、その人のコンテンツを部分的に引用したり、URLを添付するなどして、そこに自分のコメントや感想などを追記してアップする

3、引用した際は、必ず引用元を明記する。自分の投稿に、引用したコンテンツ制作者をタグ付けすれば、その人からも喜ばれる（勝手に文章をコピペして、さも自分が書いたように見せかけるのは、著作権法に触れる可能性があるので注意）

これなら、自分の入力する部分が少なくて済む上に、書くネタがなくて困ることもありません。初心者にオススメの方法です。

投稿のポイントとしては、「自分の読者に何を伝えたいのか？」を、自分の中で明確にしておくことです。

まず、自分が引用しようと思った記事を読んで、「どう思ったのか？」「どこが響いたのか？」「学んだことを、以後、どのように行動に取り入れるのか？」といったことをメモして、後でまとめて文章にします。

実際に投稿する際は、データなども添付すると、より説得力が増します。

他に、文頭にタイトルをつけて、「この記事を読むとどんなことが得られるのか？」ということを提示すると、読者の読み進む意欲を引き出すことにもつながります。

「実名で投稿するか？」「顔を出すかどうか？」といったことに関しては、媒体によって必須にしているものと、ニックネームやイラストなどでもＯＫ、というものもあります。

コンテンツ制作を、マーケティング活動として行う場合は、実名で顔を出したほうが効果は高くなります。とはいえ、心理的抵抗感があるのであれば、メディアが育ってきてから検討してもいいでしょう。

「どのテーマを」「どの媒体で発表していくのか？」というのは、ペルソナとコンセプトの特性に合わせて選択します。

たとえば、若者を中心に人気のTwitterであれば、情報の鮮度もいい、という特徴があるものの、もともと長文には対応していません。

見映えのいい写真をたくさんアップしたいのであれば、InstagramのようなSNSが適していますし、ガッツリ自分の主張をしたいのであれば、ブログやメルマガ、そして動画ならYouTube…といったように、情報発信を行う相手と、媒体の特色に応じて選んでいきます。

もし、いきなり絞り込むのが難しければ、いくつかやってみて、反応があったものに注力します。

マーケティングは、セールスのようにダイレクトな反応を受けることができないため、最初は手探り状態になることはやむを得ません。もし、続けられる自信がなかったり、アドバイスが欲しかったり、という場合は、感想をくれる仲間を募ると長続きしやすいでしょう。それらをヒントにして、メディアを育てていくようにします。

前の項で、「マーケティングを例えるなら〝農耕〟」だとお伝えしました。

確かに、自分のメディアをつくるには、手間と時間がかかります。しかし、実際にやってみると、それを補って余りある結果を得られることが、実感できるに違いありません。

自分のメディアを立ち上げ、マーケティング機能を持たせる

では、戦略的にメディアを育てていくための「自分のメディアをつくるための3ステップ」について解説したいと思います。

自分のメディアを立ち上げ、マーケティングとして機能する仕組みをつくるまでには、次の3つのステップがあります。それが、

第1ステップ：メディアをつくる
第2ステップ：メディアを育てる
第3ステップ：マネタイズ（収益化）する

…です。

第1ステップの「メディアをつくる」際に、必要となるのが「ペルソナ」「コンセプト」「語る資格」「媒体選択」の4つです。「ペルソナ」「コンセプト」「語る資格」は第3章で、媒体選択はこの前の項で、すでに説明しました。

これらは、どれも簡単に決められるものではありません。日々、考え、練り上げるイメージです。第1ステップだけで、3ヶ月くらい費やしたとしても、それだけの価値はあります。

4つの要素が固まったら、第2ステップの「メディアを育てる」段階に入ります。昨今、手軽で親しまれているメディアの代表として、SNSがあります。SNSでは、自分のコンテンツに登録してくれた方のことを、フォロワーと言います。

実際に投稿を始めるとわかりますが、最初のうちは、ほとんどフォロワーからの反応は得られません。反応が出始めるのが、だいたい100記事を超えたあたりからになります。

「マーケティングの3ステップ」

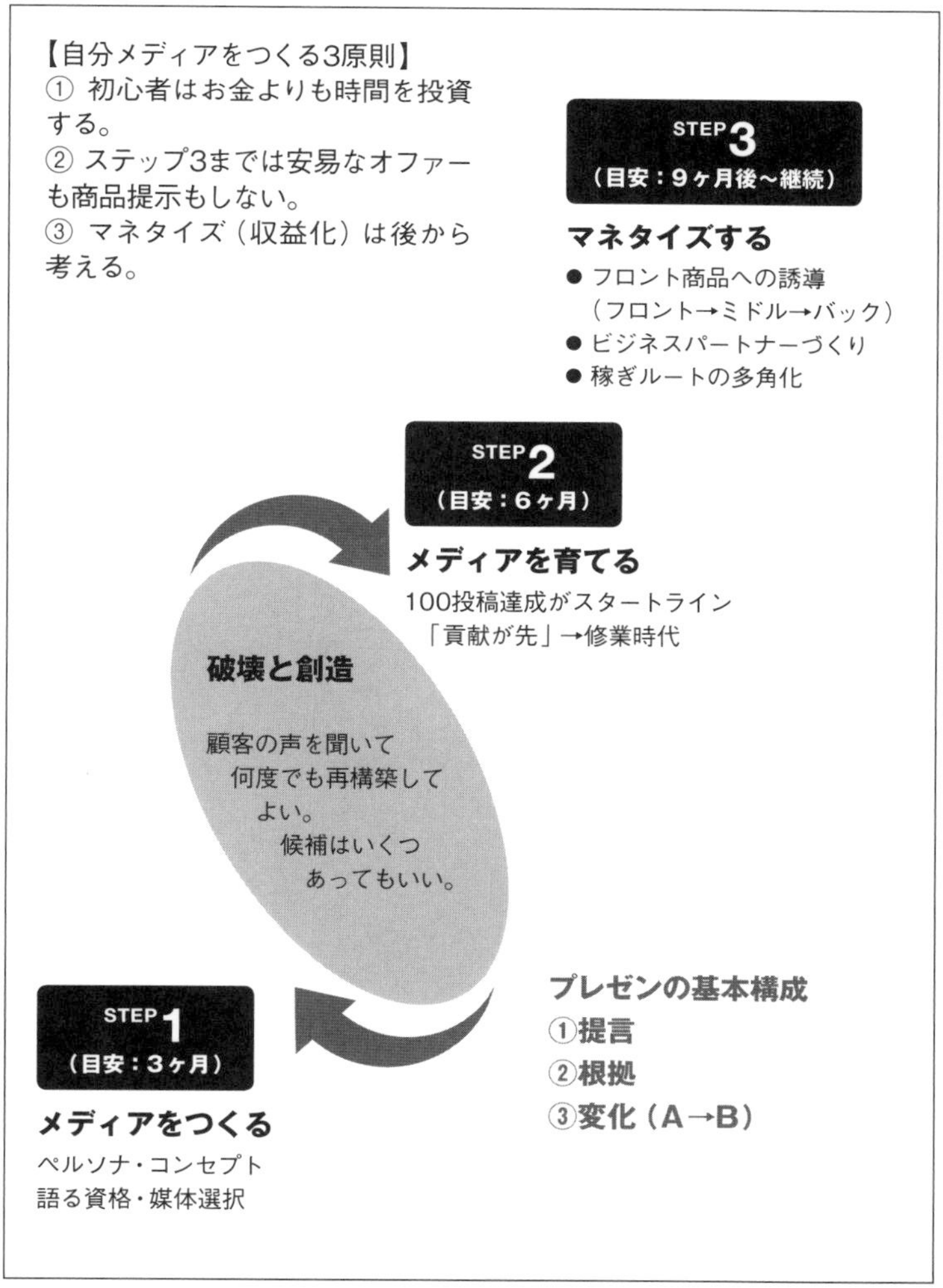
【自分メディアをつくる3原則】
① 初心者はお金よりも時間を投資する。
② ステップ3までは安易なオファーも商品提示もしない。
③ マネタイズ（収益化）は後から考える。
STEP 3
（目安：9ヶ月後〜継続）
マネタイズする
● フロント商品への誘導
（フロント→ミドル→バック）
● ビジネスパートナーづくり
● 稼ぎルートの多角化
STEP 2
（目安：6ヶ月）
メディアを育てる
100投稿達成がスタートライン
「貢献が先」→修業時代
破壊と創造
顧客の声を聞いて
何度でも再構築して
よい。
候補はいくつ
あってもいい。
STEP 1
（目安：3ヶ月）
メディアをつくる
ペルソナ・コンセプト
語る資格・媒体選択
プレゼンの基本構成
①提言
②根拠
③変化（A→B）

それが、195ページの図にもある「100投稿達成がスタートライン」の意味です。

100記事も書くとなれば、必然的に自分の得意分野の記事を書くことになります。それが、「語る資格」にもつながります。

ネタ切れを起こさないためには、普段、行っていることを記事にするのが一番です。

ビジネス系の内容であれば、自分の専門分野についてとか、スキルアップの方法、対人関係のコツ、営業する際のポイントなど、いろいろあると思います。

よくあるのが、自分の趣味をコンテンツ化することですが、その場合、よほどの市場性がない限り、差別化が難しくなります。ましてや、マーケティングツールとしての活用は難しいのが実情です。

前の項で紹介した「他人の投稿＋自分のコメント」だけだと、知名度がないうちは、フォロワーを増やすのが難しいかもしれません。初心者が投稿に慣れるまでの間か、もしくは自分の記事の合間に、筆休め的な感じで入れるといいと思います。

見る人が少ない初期の頃は、「量稽古」にうってつけの時期でもあります。完成度にこだわらず、どんどんコンテンツをアップして、コツをつかんでください。

定期的に見てもらうことが目的ですから、投稿に慣れてきたら、アップする前に「また見たいと思ってもらえる内容になっているか？」という目線で、コンテンツを確認するようにしましょう。

固定のフォロワーが付いてきた時点で、第3ステップのマネタイズへと進みます。マネタイズに関しては、次の項で詳しく説明いたします。

それでは次に、図の左上にある【自分メディアをつくる3原則】を見てください。原則の①に「初心者はお金よりも時間を投資する」とあります。

実は、世の中にはメディアを売っている人もいます。アフィリエイト目的が大半ですが、コンテンツを充実させてブログそのものを買ってもらうために書いている人もいますし、文章を外注することも、可能といえば可能です。

しかし、ここはやはり自分の手を動かすことをオススメします。コンテンツを自分で制作するためには、事前に調べたり、考えたりする作業が必要になります。それを続けることで、自ずと理解も深まり、自分が語ることに確信を持てるようになります。

「フォロワーが何に反応したのか？」「何を求められているのか？」ということをつかむためにも、少なくとも最初のうちはお金をかけずに自分でやるほうがいいでしょう。

続いて、原則の②を見ると、「ステップ3までは安易なオファー（商品提示）はしない」とあります。

メディアを立ち上げてから反応が出るまでに、だいたい6ヶ月前後はかかると思います。その間、なるべく広告などは添付しないようにしてください。

メディアを立ち上げる人の中には、ほとんど投稿もしないうちから、ベタベタと広告を張り出す人がいます。しかし、広告課金目当ての記事など、読みたい人はいないのではないでしょうか。

マスメディアとして長らく君臨している民放テレビ番組でさえ、広告の比率は18%以内に抑えられています。広告の類は、メディア力を減退させる力が働くと心得ておきましょう。

マーケティング活動の目的は、「自分の話を聞いてくれる人を増やす」ことだということを、忘れないようにしてください。

原則③の「マネタイズ（収益化）は後から考える」にもあるように、まずはフォロワーとの信頼関係を構築することに集中してください。そのためにも、一にも二にも質と量が大事なのです。

〝マネタイズ〟の壁を突破するには？

それでは、どうしたら自分のメディアをマネタイズ（収益化）できるのでしょうか。

ポイントは、「商品ありき」ではなく、あくまでも「メディアありき」である、という点にあります。

もう一度、195ページの「マーケティングの3ステップ」の図をご覧ください。

第3ステップで、商品を用意することになりますが、基本的には顧客のニーズに沿っていて、かつメディアのコンセプトに合ったものでなくてはなりません。

たとえば私のメディアのコンセプトは、「『時間』『場所』『お金』の三大不自由からサラリーマンを解放する」ことです。当然、メディアには、このコンセプトに響いた人が集まっています。

このコンセプトに則って、私が現在、自分の顧客に用意しているのは、「ビジネス書」「ビジネスノウハウセミナー」「副業オンラインアカデミー」「マネーコミュニティサービス」などです。

どれも、サラリーマンの三大不自由を解消するために用意したモノです。

実のところ、初めてメディア運営をする人にとって、第2ステップまで、自分の顧客がはっきり見えていないことはよくあります。だからこそ、ペルソナを相手にコンテンツ制作を行うわけです。

それでも、投稿数が100を超え、フォロワーや読者などから反応を得られるようになってくると、自分の顧客とは誰なのか、何を求めているのか、ということが明確になってきます。

これで、ようやく第3ステップに進むためのベースができあがった状態です。

第3ステップに入り、自分の顧客に商品を用意しようと思った時に、2プラス1の選択肢が考えられます。それは、

1、顧客の需要に合わせて、自分で商品をつくる
2、顧客の需要に合わせて、他人がつくった商品をチョイスする
…です。

初心者へのオススメは、2の「他人の商品を売る」ことです。オススメは、自分自身がユーザーである商品を販売するか、知人から紹介してもらうことです。

〝プラス1〟というのは、メディアの問い合わせフォームなどを通じて受けた「一緒にコラボしませんか?」という売り込みに乗ることを言います。しかしこれは、もっともハードルが高い選択肢です。

向こうから「組みませんか?」と言ってきたのは、こちらの顧客にモノを売りたいからです。つまり相手は、あなたの信用力を使って、あなたの顧客に商品を販売したい、ということですから、相当な目利き力を問われることになります。

マージンなどにつられて、万一、不正な商品などを販売してしまったら、あなたの信用はガタ落ちです。顧客が離れていくことを覚悟しなければなりません。

見知らぬ相手からの売り込みに乗る際は、細心の注意が必要であることを、どうか覚えておいていただきたいと思います。

ところで、私が副業オンラインセミナーをしていると、よく受けるのが「すでに売りたい商品があるが、商品と自分の専門性が一致しない場合はどうしたらいいのか？」という質問です。

たとえば、経理のノウハウを解説している人が、いきなりアフィリエイトビジネスの教材を販売したり、コミュニケーションスキルのメルマガを書いている人が、ＦＸ攻略法のセミナーを始めたりしたら、確かに違和感があるでしょう。

売りモノは、あくまでも自分の顧客にとって必要なもので、かつ顧客の未来をよりよくするものでなくてはなりません。

とはいえ、たとえ分野が違うものであっても、それが本当に顧客にとって必要なものであれば、売ることは可能です。

私は自分のメディアを構築して15年ほどの歳月が経ちますが、当初にはまったく想定をしていなかった商材を次々に開発し、マーケティングしています。繰り返し申し上げている「ペルソナ」「コンセプト」「語る資格」「媒体選択」が間違っていなければ、商材は時代に合わせて変えていけばいいのです。このほうが、出ては消える一時的な流行を追いかけ、その場限りの行動を繰り返すより、よほど楽だと思いませんか？

私の場合、共著で出版することも多いのですが、相手の強みにフォーカスするため、書籍の分野は多岐にわたります。それでも、4つのキーポイントが押さえられていれば、読者は「俣野さんの書籍だから、読んでみよう」と思ってくれます。まったく異分野のマーケティングでも、影響はありません。

セールス・マーケティングにおいて、「売れる」状態にするための3ステップは、いきなり完成するわけではありません。失敗しては改良し、という試行錯誤が必要です。

3ステップが「売れる」状態になっていなければ、「売る」しかなくなり、相手は逃げていってしまいます。なぜって、売られて嬉しい人なんていませんから。

「メディア作成からマネタイズまで」の３ステップはこう上る！

では実際に、自分のメディアを立ち上げて、それをマネタイズするまでの実例をご覧いただくことにしましょう。

ご紹介するのは、現在、地方移住支援業務を行っている株式会社ＦｒｏｍＴｏのＣＥＯを務める宮城浩さんです。

もともと、地方出身のシステムエンジニアだったという宮城さん。サラリーマン時代は、３００時間もの残業をこなしながら、年収３００万円未満という厳しい生活を４年間続けました。その後、状況を打開しようと故郷を後にします。

東京へ出てきたものの、転職エージェンシーの担当から「地方の人ってスキルないよね」という偏見に満ちた言葉を浴びせられ、ショックを受けます。

夢破れ、飲み屋でヤケ酒を飲んでいると、たまたま隣に座った人から「フリーランスになったら？」と声をかけられます。その人は、フリーランスＳＥでした。

これが転機となって、フリーランスに転身。実力を評価される世界に飛び込んだことで、労働時間も年収も改善しました。

しかし、今はよくても、フリーランスには年金も退職金もありません。「仕事も、いつまであるかわからない」と思った宮城さんは、「複数の収入源が欲しい」という強い思いに駆られます。

そこで副業として、ＦＸやポイントゲットなどのアフィリエイトを始めますが、いずれも失敗。次に、ブログを書いてアフィリエイトリンクを踏ませるクリック課金ビジネスを始めます。

「収入を上げるには勉強だ、と思って速読を学び、ついでにその教材のアフィリエイトも始めた」という宮城さん。けれど結局、自身も習得できずに断念しました。

こうして失敗続きの中で生まれたのが、「社畜ＳＥ」というブログです。

最初、「社畜ＳＥ」は転職エージェンシーのアフィリエイト用に書き始めたそうですが、宮城さんは「自分の挫折、怒り、悲しみ、不安といった感情を、日々、ブログにぶつけた」と言います。

仕事の合間に書き続け、最初の読者から反応があったのは、１００記事を超えたあたりから。書き始めて、半年ほどが過ぎていました。

反応のあった読者から「会って話しませんか？」と言われ、とりあえず会ってはみたものの、その時は相手の話を聞くことしかできなかったそうです。

以来、しばしば読者から「転職したい」「フリーランスになりたい」と問い合わせがくるようになりますが、もとがクリック課金ビジネスだったため、どうしようもありません。

そんなある日、宮城さんが登録をしているフリーランスエージェンシーに出向いた際、担当が「なかなかSEが集まらない」とこぼしました。小さな会社だったため、人を集めるのに苦労していたのです。

それを聞いた宮城さんは、はっと閃き、こう言います。「たとえば、僕がSEを紹介したら、紹介料はどれくらいいただけるのでしょうか？」と。

なんとエージェントは、1人紹介すれば、1クリックで得られる報酬の100倍の額を提示してくれたのです。

こうして宮城さんは、ブログ内のクリック広告をすべて排除した上で、「SEをフリーランス化する」というミッションを掲げ、本格的に希望者を募り始めます。相手の要望に応じてエージェントを紹介する、というビジネスを始めたのです。

フリーランス希望者と面談を重ねるうちに、やがて「この人は、もっとスキルを上げたほうがいいんじゃないか？」とか「身なりをちゃんとしないと、面接に通りそうもないな」といったことを考えるようになった宮城さん。

そこで知人などを通じて、プログラミングスクールやファッションアドバイザーなどと提携。相手によって紹介先をカスタマイズすることで、ビジネスを広げました。

こうして、社畜SEのブログを書き始めてから1年半後に、宮城さんはキャリアアドバイザーとして独立。「ブログで集客→セミナーを開催→面談し、提携先を紹介」というビジネスモデルが完成したのです。

いかがでしたか？　宮城さんが「自分のメディアをつくるための3ステップ」を上っていった様子が見て取れたのではないでしょうか。特に、マネタイズにつなげるまでの過程は、大いに参考になると思います。

「マーケティングで大事なのは、発信すること」だと宮城さん。「コンセプトを決め、ペルソナに向かって、ひたすら語りかけることで、内容は磨かれていく」と言います。

現在、宮城さんが新たに移住支援サービス「flato（ふらっと）」を始めた背景には、東京に出てきたばかりの頃、転職エージェントから「地方の人ってスキルないよね」と言われた、あの時の鮮烈な記憶があるからだと言います。

今は時代が変わり、地方には追い風が吹いています。テレワークが進行すれば、人々も都心にしがみついている必要はなくなります。人の流れが変わることで、むしろ地方こそが、日本活性化の起爆剤になる日も近いのかもしれません。

地方に拠点を移した宮城さん自身、自ら取り組みたいビジネスのみを行いながら、サラリーマン時代の4倍以上の収入を得るまでになっているそうです。

人気インスタグラマー、ユーチューバーになる方法

続いては、いま世間から注目されているＳＮＳマーケティングと、動画マーケティングの活用について、私の仲間による２つの事例をご紹介したいと思います。

まずは、私の副業オンラインアカデミーの認定コーチにして、写真共有ＳＮＳのInstagramで２万人以上のフォロワーを持つ早川由花さんの事例です。

早川さんは、17歳で学生結婚をして子供を出産。19歳で離婚してからは、シングルマザーとして仕事と育児を両立。交通事故をキッカケに投資を始め、後には仕事を辞めて大学に進学し、卒業後は海外移住をするなど、夢を次々と実現してきました。

意外なことですが、早川さんはもともと、SNSが嫌いだったそうです。

しかし、いずれ自分のビジネスを始めたいと考えていた早川さんは、「その時にSNSマーケティングが役に立つのでは」と思い、メディアを立ち上げたということです。

早川さんは海外移住後、金融関係の仕事をしながら、デュアルライフの様子を写真に撮り、そこに「自分の考え方」や「大切にしていること」などを綴った文章を添付し、アップしました。自分の考えを書くことで、それに賛同した人が集まってくる、と思ってのことでした。

Instagramのマネタイズとは、一般には企業からの依頼で、フォロワーに商品を売ったり、宣伝したりすることで手数料をもらう、というものです。

けれども、まだ自分の売りモノを決めていなかった早川さんは、「特定のイメージがつかないように」と注意を払い、化粧品会社やアパレル企業などからの依頼を断り続けました。

こうして、自分のメディアを大切に育ててきたのです。

「他人とは違う付加価値を付けるには、どうしたらいいのか？」と日々、考え続けたそうです。

ライフスタイルの写真をアップしていると、フォロワーから「どうやって海外生活を実現したの？」「どうしたらそうなれますか？」といった問い合わせが相次いだことから、徐々に金融の内容にシフトしていった、ということです。

早川さんは、最初の投稿から3年もの間、ひたすら投稿だけを続け、一切マネタイズをしませんでした。ようやくマネタイズを始めた時、フォロワーからの反応は、「待ってました！」というものだったそうです。

これこそが、「売れる」状態です。企業の誘いを断り続け、ファンを守り育ててきた結果、マーケティング活動の努力が実り、大輪の花を咲かせたのです。

現在は、兼業投資家として活動しながら、よりコアなフォロワーにはＬＩＮＥ公式アカウントに登録してもらい、そこで限定セミナーや金融情報のお知らせ、希望者にはコーチングやパーソナルトレーナーなどのサービスも提供している、ということです。

早川さんのＳＮＳアカウントを開くと、プロが撮ったのではないか、と思うような写真が並んでいます。実は、ほとんど連れの人に撮ってもらっているそうです。キレイに撮るコツは「相手を先に撮ってあげること」。いろいろなポーズで何十枚も撮り、その後で「こんな感じに撮ってね」と言うと、相手もイメージしやすいのだとか。

投稿を習慣化するコツを聞いたところ、「やると決めたらタスク化して、後は楽しむこと」だと言います。

「やればやるほどうまくなるし、写真も加工すると、見栄えが全然違うので、ぜひやってみてください」とのことでした。

続いては、私がフランチャイズビジネスのオーナーをしている会社の社員だった深井裕樹君です。

なぜ「だった」という過去形なのかと言いますと、実は当社が副業として後押ししていたYouTubeチャンネルの収益が事業として十分に成立する段階に至ったため、めでたく子会社として分社化し、その会社の社長に任命したからです。

サブチャンネルと合わせ、活動開始から約半年間で15万人を超えるチャンネル登録者数を抱える人気YouTuberとなりました。

深井君は、私の会社に入社後、ストレッチトレーナーとしてグループの個人売上で新記録となる単月1位を獲得。

その後、店長の立候補者として名乗りを上げますが、店長選挙で2度の落選（当社では店長は候補者によるプレゼンをもとにした社員投票による選挙で決まります）。

ようやく3度目で当選を果たして新店を任されたものの、スタッフへの関与がうまくいかず、悩んだ末にわずか1年で自ら店長を降板しました。

失意の中で、深井君はネットマーケティングに活路を見出します。新規顧客獲得のために利用していた日本最大の検索・予約サイトのアルゴリズムを見抜き、露出の仕方を工夫することで、店の新規顧客を約1・5倍に増やしました。この頃から、私の判断で、自分の給与分だけはこれまで通りスタッフとして業務に従事させ、それ以外の時間は、完全に自由時間の身とし、新しい事業の可能性を追求させることにしました。

ところが、「苦労して身につけた新規集客のノウハウを外販したらイケるのでは」と思いきや、深井君のセールスの才能は開花せず、あえなく半年で撤退。

今度は、ネットマーケティングを応用し、Twitter で自信をつけ、YouTube を筆頭としたSNSへと進出。YouTube 番組の「ズボラストレッチ」で、人気が爆発することとなります。

YouTubeにたどり着いたのは、セールスが苦手だった深井君にとって、動画広告による収益化が、一番取り組みやすかったこともあります。

ＰＤＣＡのＰＤ（PLAN→DO）については、昔からとにかくよく回る男で、私が「Mr.PD」というあだ名を付けたくらいです。ところが、その半面、その先のＣＡ（CHECK→ACT）が、からっきし苦手でした。そこで、ＰＤＣＡのＣから始めるように指導し、自分が得意なことだけに集中させせました。

深井君のYouTubeチャンネル「ズボラストレッチ」が、短期間でチャンネル登録者を急増させた秘訣の一つは、「ビッグキーワード×ニッチ」にあります。

深井が君YouTubeに参入した時、すでにストレッチの分野には、人気の

YouTuberが存在していました。しかしよく見ると、本格的なトレーニング動画ばかりで、世の中の「痩せたいけれど続かない」「気楽にカラダを動かしたい」といった需要に応えている人が、いませんでした。

こうして「寝ながら脚やせ」というコンセプトができたのは、試行錯誤を繰り返した末のこと。「ストレッチ×寝ながら脚やせ」というコンセプトは、ありそうでなかったのです。

深井君は、ペルソナも細かく設定。「28歳女性」「いつも寝ながらスマホをいじっている」など。撮る動画が、コンセプトとペルソナに沿っているか、ホワイトボードにメモをしながら検証する毎日（YouTubeのサブチャンネルに企画から投稿するまでを記録したルーティン動画もありますので、毎日の様子はよろしければそちらをご覧ください）。

動画のネタに関しては、他人の動画を観て、足りないと思ったところを撮影したり、視聴者からのコメントや質問を読んだりしながら、ヒントを得ているそう。真骨頂は、お客さんに直接、意見を求めていること。コメントをもとに視聴者にメッセージをしたり、ＳＮＳ電話で「どこがわからなかったのか？」「どんなことが知りたいのか？」と聞いたりして、内容に反映させています。

深井君は、活動開始から最初の半年間は、一日一本アップすることを自らに課しており、「ほとんどの人は、投稿本数が足りない。」「頭の中で堂々巡りをしているだけじゃなくて、仮説と検証を繰り返すのがコツ」だと言います。

多くのYouTuberが、登録者数が1万人を超えるとコメントに返事をしなくなるのに対して、深井君は「今でも全部読んで、返信をしている」「ファンとの一体感を大事にしている」ということです。

今回、挙げた2つの事例には、多くの共通点があります。

「ファンを大切にしている」「お客さんに意見を求めている」「自分の得意分野をネタにしている」等々。あなたも両方の事例を実際に見て、ぜひ研究してみてください。

結局のところ、自分の中でもっとも競争力のあるものとは、自分が毎日行っていることなのだと、ご理解いただけたのではないでしょうか？

YouTube 内で「ズボラストレッチ」と検索

アンチからの批判にどう対処すればいい？

通常、人がメディアを見る目的には3つあり、

「憧れ（自分もああなりたい）」
「お悩み解決」
「娯楽（知識を含む）」
このいずれかです。

「自分のメディアは、この中のどれに該当するのか？」と思案し、コンテンツ制作時に意識したり、自分のメディアと同系統のコンテンツを研究したりすることで、見えてくるものがあるのではないかと思います。

メディアという新しい世界に足を踏み入れると、しばしば予期せぬことが起こります。その一つが〝炎上〟です。

何気ない一言をキッカケに、ネット上で罵詈雑言を浴びせられている人を見ると、「自分もそうなったら怖い」と感じる人もいるでしょう。

しかし、普通に運営している分には問題ありません。最初はむしろ、反応がないことで、続ける意欲がなくなってしまうことに注意したほうがいいでしょう。結局、炎上は一時的なことであり、仮にあったとしても、やがて収まります。

偶然、起きる炎上を抜きにすると、メディアにアンチがいるというのは、ある意味、それだけ知名度があって、人気を得ていることの証でもあります。

人気が出て、認知度が上がった結果、多くの人の目に触れるようになれば、当然ながら「自分の考え方と違うな」という人や嫉妬も出てきます。

知ったからこそ、初めて「好きか・嫌いか」という反応が出てくるわけです。

アンチとは言わないまでも、アクセス数が増えてくれれば、冷やかしや批判めいたことを書き込んでくる人も出てきます。

現在、私はビジネス書作家として、自社メディア以外に、複数のメジャー媒体にも寄稿しています。その中の一つ、リクナビNEXTジャーナルにマンガ解説シリーズを寄稿していた時に、大人気マンガ『インベスターZ』や『ドラゴン桜』などでおなじみの、三田紀房先生と対談をしたことがあります。

三田先生は、多くの優れたマンガを世に送り出していますが、中でも受験マンガの『ドラゴン桜』は、社会現象にまでなりました。

三田先生によると、「『ドラゴン桜』は連載当初、多くの人から批判も受けた」のだそうです。世間では、ちょうど〝ゆとり教育〟が行われていた時期に当たり、『ドラゴン桜』の登場人物が連発する「詰め込みこそ教育だ」「東大なんて簡単だ」などの言葉には、多くの批判が集まりました。

しかし、ゆとり教育に正面から反論しないまでも、「これでいいのか？」と密かに疑問を抱いていた人々の心をつかみ、第29回講談社漫画賞などを受賞しています。

三田先生ご自身は、「批判も歓迎する」と言います。情報発信者にとっては、何はともあれ、見てもらえなければ話になりません。

「反論があるのは、読んでいるからこそ。」「どんな意見であっても、発信者にとっては『読んでくれてありがとう』という気持ちになる」とのことでした。

私たちが、いきなり三田先生のような心境になることは難しいかもしれませんが、「批判も読者の一つの反応である」という考え方は、参考になると思います。

差別化とはふえることです。アンチコメントに嘆くより、まだ出会えていないペルソナが大勢いることを嘆きましょう。

第5章

独立も視野に入れる

個人事業主になった際に、作成しておくべき3つのもの

第3章と第4章で、セールスとマーケティングの基礎について解説してきました。この章では、サラリーマンが個人事業を始めるにあたって、知っておくと役に立つ知識をいくつかお伝えしておきたいと思います。

第1章のところで、初めに開業届を出し、副業が事業として認められれば、サラリーマンは損益通算を受けられる、というお話をしました。それ以外にやっておくべきこととしては、「名刺」「請求書」「メニュー表」の3つを作成しておくことをオススメします。以下で、順に補足しましょう。

もともと、名刺を作成する目的とは、相手に自分のことを知ってもらい、かつ覚

えてもらうためです。それを踏まえた上で、サラリーマンが個人名刺をつくる場合、重要なのは「名刺に何を書くか？」ということです。

「自分はどんな経歴を持っているのか？」
「何を経験してきたのか？」
「何ができるのか？」
「どのような価値をもたらすことができるのか？」

これらを考えること自体が、自己分析をしたり、副業を熟考するプロセスとして大切な時間となります。

個人事業主とは、いわばこれからブランドを築いていく身ですから、第一歩として、「名刺という限られたスペースの中で、自分をどう表現するか？」が大事なわけです。

名刺の中に、自分のビジネスを表現できれば、個人事業主を行っていく上での、大きな武器を手に入れたことになります。

個人名刺を作成する際の注意点としては、サラリーマンの名刺と完全に切り分けること。その上で、自分の価値を上げていくことに集中してください。具体的には、実績を積み重ねることです。

実績を積んだら、それを名刺に反映させます。名刺とは、常に更新していくべきものです。

続いては、請求書についてです。仮に、顧客が一人もいなかったとしても、まずは請求書フォームだけでもつくっておきましょう。

「なんで請求書フォームをつくっておく必要があるの？」と思われるかもしれませんが、その理由は「代金を受け取れるようにするため」です。

「代金を受け取る」というのは、ビジネスをする中で、もっとも大切なことです。
ところが、サラリーマンにとって、ここが最後まで心理的なハードルになることが多いのが実情です。普段、サラリーマンは自動的に銀行口座にお金が振り込まれるため、「他人から代金を受け取る」という経験がほとんどありません。

一部の仕事を除き、ほとんどのサラリーマンは、固定給が毎月入ってくるせいか、他人からお金を受け取るのが申し訳ないと思ってしまう人が多くいます。そのため、副業では、「無料お試しキャンペーン」を永遠に続けてしまう人が、意外に多いのです。

一方、デキるビジネスパーソンは、お金の受け取り方も上手です。
サラリーマンが、代金を受け取ることに対する恐怖を克服する、という意味でも、最初の段階で、請求書フォームをつくっておくことをオススメいたします。

最後に、３つ目の「メニュー表をつくる」についてですが、メニューとはこの場合、サービス内容をランク分けして、いくつか用意することを言います。

メニューのつくり方は、最初に、コアとなるスタンダード商品をつくります。これが一番売りたいものであり、戦略商品とも言います。

次に、このスタンダードを軸に、アップセル、ダウンセルを考えます。アップセルというのは、手間をかける代わりに、高単価を狙うサービスのこと。対するダウンセルというのは、安くする代わりに、一度の手間で量産できるようなサービスのことを言います。

事例としては、たとえばスポーツジムのスタンダードが一般会員、ダウンセルは時間制限などのあるデイ会員、アップセルはプライベートレッスン、という感じです。

他には、クレジットカード会社の例だと、スタンダードは普通のクレジットカード、ダウンセルが学生カード、アップセルは年会費が数万〜数十万円するプラチナカードやブラックカード、といったサービスが用意されています。

個人事業主の場合、「限られた時間をどこに投入するか？」が売上を大きく左右します。なんとなく、顧客に言われて場当たり的な対応をするのではなく、サービス内容と価格を明確にしたメニュー表があるに越したことはありません。

京セラやauの創業者である稲盛和夫氏は「値決めは経営」と言い切っています。

この3つを作成すべきタイミングは、「副業を始める」と決めた段階です。

3つに共通することは、すべて代金を頂戴するための準備ということ。、サラリーマンが「副業を始める際の意識改革」という面から考えても、ここから始めることには大きな意味があります。

〝会社バレ〟に、どう対応したらいいのか？

私が副業オンラインセミナーを開催すると、必ずといっていいほど「副業をすると、会社側にバレるのではないでしょうか？」という質問がくることは、すでにお話ししました。

確かに、副収入を目当てに副業を始めたのに、「それがもとで、本業を失ってしまっては元も子もない」と思うのも、もっともなことです。

会社側が、従業員に副業をされると困る本当の理由については、第1章「『副業禁止規定』が意味する3つの地雷」のところで詳しく解説しました。

実際は、会社にとっての〝地雷原〟である「情報漏洩」「顧客を奪う」「勤務に身が入らなくなる」の3つに抵触しない限り、会社側は、従業員が副業をしていようがいまいが、ほとんど感知しないでしょう。

３つの地雷原のうち、会社にとって、もっとも怖いのは「情報漏洩」です。これが起きてしまうと、会社は社会的な信用を失い、大きな打撃を被ることになります。

これまで、日本で起きた最大規模の情報漏洩事件とは、２０１４年7月に発覚したベネッセコーポレーションの個人情報流出事件でしょう。通信教育大手で起きたこの事件は、約３０００万件もの顧客情報が流出したことで、世間を震撼させました。

流出した顧客情報は、複数の名簿業者に売却され、それをもとにＤＭが発送されたことから、事件が明らかになりました。

調査の結果、同社の子会社で個人情報業務を委託していた会社の元社員が逮捕されています。元社員は、貸与されていたＰＣに私物のスマートフォンを接続。データを盗み出しては、名簿業者への転売を繰り返し、約250万円を得ていました。

この事件の影響で、ベネッセの子会社は解散に追い込まれています。

副業をする際は、「所属する会社に迷惑をかけない」というのが、基本中の基本です。そういう意味でも、本書でご紹介したセールスやマーケティング活動であれば、3つの地雷原に抵触する可能性は、ほぼないのではないかと思います。


おそらく「副業したいけれど、会社にバレるのが怖い」というのは、ほとんどの場合、杞憂に過ぎないでしょう。副業を始めても、商売がうまくいっていなければ、そもそも社会的には「活動をしている」とは見なされません。

たとえば税制上では、年末調整を受けた給与所得以外の所得が20万円以下の場合、確定申告は不要とされています（控除を受ける場合などを除く）。

これまで、世の中で副業をしていた人の大半が、20万円に届いていなかったために、見逃されてきた部分もあったわけです。

逆に、「副業がバレるのは、売れている証拠」だとも言えます。自分から公言していないのに、会社が知ったということは、それだけ認知度が上がった結果です。

これは、私がサラリーマンの時に、副業としてビジネス書を出版した時のことです。

当時は社内ベンチャーで起こした会社から本社に戻り、上級顧問という役職に就いていたので、副業禁止規定の対象ではありませんでした。

しかし、現役のサラリーマンであるうちは、万が一にでも出版で会社に影響を与えてしまうと自分だけのリスクではなくなること、そして、会社に事前に相談したとしたら、社風的に止められてしまうリスクが高いこと、から社名は伏せて出版しました。

実名で出版したのは、「周りにビジネス書を読んでそうな人もあまりいなかったので、気付かれることもないだろう」とタカをくっていたからです。

ところが、思いがけず書籍の売れ行きが好調だったため、なんと発売2週間後には、会社側にバレてしまいました。

私は担当役員に呼び出され、書籍のことを聞かれましたが、それだけでした。別にクビになることもなく、減給されたわけでもありません。

このように、会社に迷惑をかけるようなことでなければ、たいていは見逃してくれるものです。

結論を述べますと、会社バレに対する一番の対策とは、「会社にバレても問題ない仕事を副業に選ぶ」ということです。

逆説的にはなりますが、あなたの商売は、ぜひ「会社にバレて困る」くらいに繁盛していただきたいと思っています。

価格の付け方、お金の受け取り方

副業を始める際に、悩みどころとなるのが「自分の商品、サービスの価格をいくらにしたらいいのか？」ということではないでしょうか。

これまでは、会社が用意した商品を、会社が決めた値段で販売していたわけですから、わからなくて当然だと思います。

どのように価格付けを行えばいいのかについて、実際にオリジナルサービスを提供している「歌って踊る事務番長」こと大木英恵さんと、「合同会社 社外人事部長」の長谷川満さんの話も参考にしてください（2人の経歴などについては、第2章を参照）。

現在、中小企業のサポーターとして、事務作業や秘書業務などを一手に引き受けている大木さん。「価格について、基本はお客さんの言い値」だと言います。

事務作業と一口に言っても、依頼内容は多岐にわたるため、細かいことは、相手の要望をヒアリングして、判断する必要があります。

大木さんの仕事の場合、価格の判断基準となるのは〝時間〟と〝業務内容〟です。「相手が希望している業務量をこなすには、どれくらいの時間が必要か？」というのを計算し、提示金額がふさわしいのかどうかを判断します。

業務量とかかる時間の割合ついては、個人事業を始めた際に細かく計測していたので、今は計らなくても、ほぼ把握できるとのこと。

たとえ作業自体は1分で終わるような仕事であっても、中には手を動かすまでに少し考えないといけない仕事もあります。その時間も、ある種の原価と考える必要があり、提示された金額で受けることができない場合は、金額の交渉をするか、業務量を変更するかを相談する、ということです。

もう一つ、価格を決める際の基準となるのが〝相場〟です。仮に、パートの事務を雇うとすると、1ヶ月にどれくらいかかるのか?という相場を調べて、内容に応じて高いか安いか、ちょうどいいのかを判断する、とのお話でした。

続いては、中小企業を中心に、人事の仕事を引き受けている人事のスペシャリスト・長谷川さんの事例です。

長谷川さんも、価格の設定方法については、やはり相場をもとに決めている、と言います。「会社が、実際に人事部長を雇うとなったら、月給で50万〜80万円を支払うことになるので、そこと比較と、一般的なコンサルタントフィーの相場を調べて、価格設定をした」のだとか。

実際に、取引先と価格の交渉をしたり、契約を取りたい場合に、意識しておくといいのが「誰と比べられているのか?」という視点と、そことの違いを明確に打ち出すことの2つです。

長谷川さんの場合は、労務関係を扱う社会保険労務士と比べられることが多く、時に「社労士よりも高いね」と言われることがあるそうです。

そういう時は、社労士との違いを前面に打ち出し、社外人事部長として貢献できることをアピールすることで、相手に納得してもらうようにしている、ということです。

もう一つ、価格について気になるのが〝値上げ〟です。

長谷川さんも、事業が軌道に乗った後に価格の改定を行い、値上げをしたそうですが、その時の方法というのが、「松・竹・梅」のメニュー表をつくることでした。

まず、自身のサービスを3段階のランクに分けた上で、顧客に提示しながら「価格とサービスの見直しを行いました。どれがいいでしょうか?」と聞いたところ、多くの顧客が「竹」を選びました。

まさに、この章の最初に説明した「アップセル、ダウンセル」を応用したものです。

同じお客さんに対しての値上げは、サービス内容を変更したり、メニューを改定したりすることで、相手も受け入れやすくなります。

ちなみに、このメニューを3つに分けることを俗に「松竹梅理論」と言います。これは、「3つの選択肢があれば、真ん中を選ぶ確率が高くなる」という人間心理を応用したもので、単一メニューの時よりも平均顧客単価が上がる傾向があります。

個人事業主が価格を決める方法については、このようなプロセスを経ることが多いです。

顧客が許してくれる価格帯の最高水準で値決めができるように、信用と実績を積み重ねていきましょう。

ちなみに、お金の受け取り方について、「顧客から直接、受け取らない」という選択肢があることも、知っておいていただきたいと思います。

Google、YouTube、Facebookなどがまさにそうですが、要は、利用者からお金をもらわず、企業などから手数料を得ることで成り立っているビジネスのことです。

わかりやすいのは、YouTubeです。YouTuberが企業から広告を取ってきて、視聴者の属性にあった広告を自動で流します。YouTubeは動画コンテンツの視聴時間に応じて広告費が入るので、YouTuberが視聴者に直接課金することがないビジネスモデルです。YouTuberにも企業から直接オファーを受けてタイアップする場合もありますが、それは、無料媒体の中に商品セールスを混ぜる旧来型のアフィリエイトビジネスと同じイメージとなります。

ユーザーにとって、直接課金されないビジネスほど利用しやすいものはありませんから、ぜひ検討してみることをオススメいたします。

「売上アップの行動になっているか？」はこうしてチェックする

本書をお読みのあなたは、「副業をすることで、収入を増やしたい」という、明確な目標をお持ちのことと思います。

ご存じだとは思いますが、念のためにお伝えしておくと、あなたの手元に残るお金を増やす方法とは、基本的には２つだけです。

それは、

・売上を上げる
・コストを削減する

この2つです。

コストを削減する方法に関しては、本書のテーマではありませんので割愛します。興味のある方は、拙著『トップ1%の人だけが知っている「最高のマネープラン」』（日本経済新聞出版）がお役に立てると思います。

ここでは、「売上を上げる」方法について解説したいと思います。

元来、売上を上げるための要素は3つあり、「客数」「客単価」「購入頻度」です。これを方程式で表すと、次のようになります。

《売上＝客数×客単価×購入頻度》

個人事業主とは、自分自身が動くことで、それをお金に換える職業です。個人事業主は、働き手であると同時に、経営者でもあります。「自分が動くことはコストであり、コストをかけるからには、それ以上のリターンを狙っていく」ことを、常に意識することが大切です。

よって、個人事業主として「自分のアクションは、売上を上げる3要素のいずれかをアップさせるものになっているか？」について、いちいち説明できなくてはなりません。

もし、自分の行動が、先に挙げた3要素の向上にまったく寄与していない場合、次に取るべきアクションとは「いつ、それをやめるか？」となります。

なぜ、このような話をするのかというと、人は時々、それまで投入してきた時間や労力を惜しむあまりに、見込みのないことを惰性で続けてしまうことがあるからです。これを〝サンクコスト〟と言います。

人間ですから、いきなり無駄のない動きをするのは難しいとしても、「収入を増やす」という目標については、最初から、欲しい金額が得られるような行動を取ることで、希望が叶う可能性も高くなります。

それでは、「欲しい金額が得られる行動」とは、どのようなことをいうのでしょうか。具体的には、

1、「いつまでに」「いくらの売上を上げる」という目標を決める
2、現在地から目標に向けた戦略を考える
3、その目標を達成できる行動に落とし込む
この3つです。

世の中に、「副業をしたい」と考えている人は大勢います。しかし、思っているだけで行動に移せない人が大半です。

その一因は、たとえば「5年後に副業で30万円をつくりたい」といった、なるべく遠くに追いやった目標を立てていることにあります。

本当に副業で収入を得たいと思ったら、なるべく期限の短い目標を、具体的に設定して軌道修正していく必要があります。

ここで、副業をスタートするにあたって、オススメの目標設定の目安を紹介します。

それは、「半年以内に1ヶ月だけでもいいので、本業の月給を超える」ことです。

そうすれば、先ほどの
《売上＝客数×客単価×購入頻度》
を意識した行動をせざるを得ません。

「〇万円の売上を上げるには、この商品を〇個売らないといけない」

「〇個売るためには、確率が50％として、〇人に話をする必要がある」

「〇人に話を聞いてもらうために、その倍の人数に声がけする」

「目標金額の売上を上げるために、一日〇人、見込客にアクションする」

というように、数字に落とし込んだものをルーティンワーク化することで、売上は確実に上がります。


行動しない限り、結果が変わることはありません。


セールスの最初に、欲と恐怖のワークを紹介しました。

ワークを実際にやってみるとわかりますが、書き出してみると、意外に出てこなかったり、どちらかに偏ったりしています。

結局のところ、自分が、何が欲しいのかがわからない限り、欲しいモノも手に入りません。わからないのですから、探しようがないのです。

人間には、小欲と大欲というのがあるのをご存じでしょうか。

小欲とは、自分一人を満足させる欲求であるのに対して、大欲とは「世の中を変えたい」とか「社会をよくしたい」といった大望のことを言います。

人間は、先に自分の小欲を叶えない限り、大欲を持つことができません。

世の中には「衣食住足りて礼節を知る」という言葉があるように、社会に大きな貢献をしている人は、必ず先に小欲を満たすことからスタートしています。

つまり小欲の先に大欲がある、ということです。従って、小欲を満たすのは、早いに越したことはないわけです。

安定的なキャッシュを得るために、意識したい〝2つの収入〟

副業をすることで、収入を増やそうと思ったら、売上を上げることが必須条件であることをお話ししました。

もともと、個人事業主の経営は不安定になりがちです。そのために、まずはサラリーマンと掛け持ちすることを考えるわけですが、個人事業が安定しない限り、本書が目指している「サラリーマンを副業にする」ことは難しいでしょう。

この問題を解消する方法の一つが、他の事業を立ち上げて、複数の事業を運営することです。この際、意識していただきたいのが〝縦の収入〟と〝横の収入〟です。

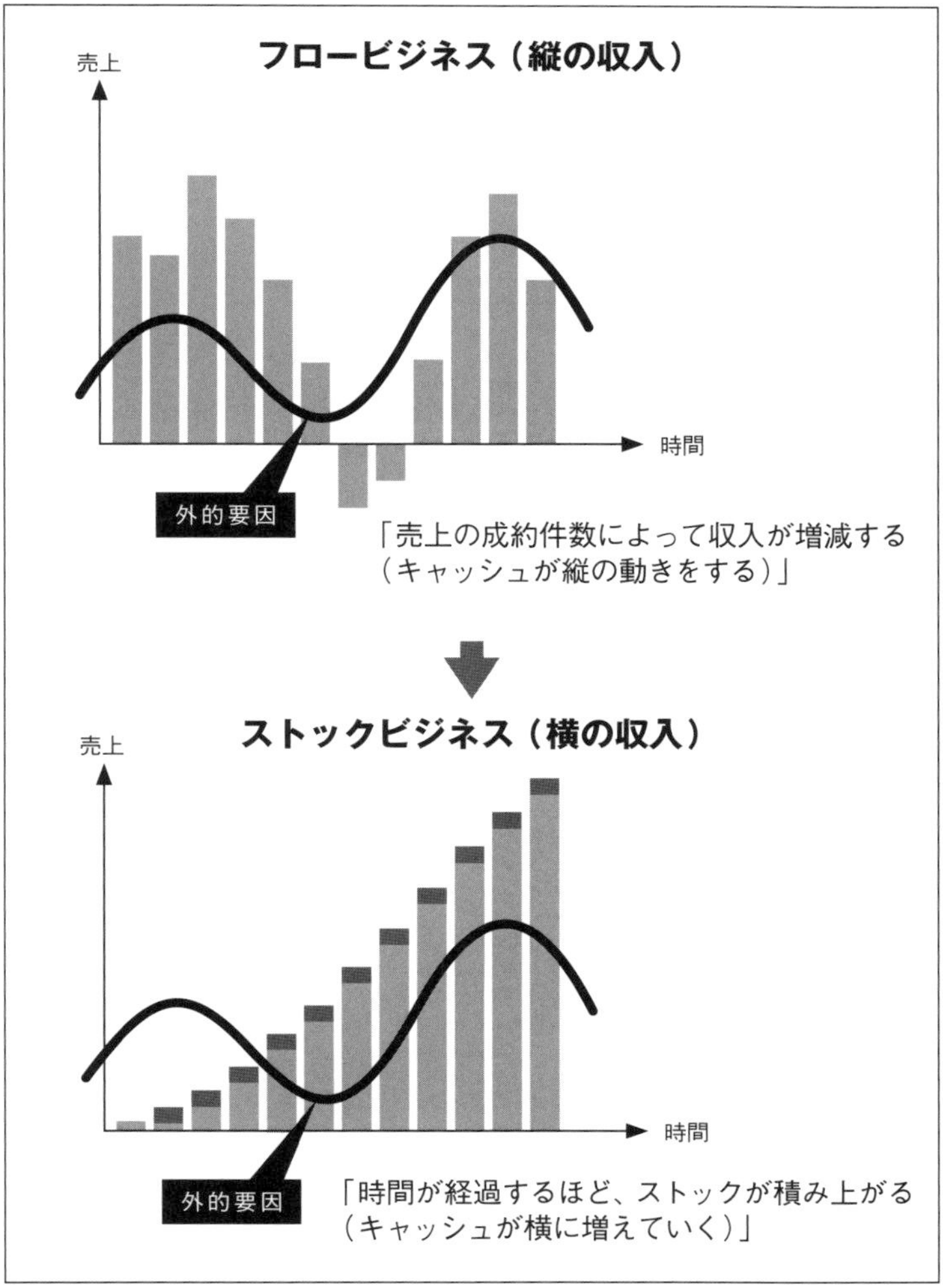
フロービジネス（縦の収入）
売上
時間
外的要因
「売上の成約件数によって収入が増減する
（キャッシュが縦の動きをする）」
ストックビジネス（横の収入）
売上
時間
外的要因
「時間が経過するほど、ストックが積み上がる
（キャッシュが横に増えていく）」

縦の収入と横の収入というのは、私が付けたネーミングですが、簡単に言うと、副業のキャッシュフローとキャッシュストックのことだと思ってもらえれば、イメージしやすいのではないかと思います。

縦の収入が、キャッシュフローに相当し、毎月、セールスの成約件数に応じて、増えたり減ったりしている当座のキャッシュのことです。

これに対して、横の収入とは、キャッシュストックに相当します。

ストックの事例を挙げると、会員制ビジネス、ファンクラブ、コミュニティなどの月額会費や定額メンテナンス料、保険料など。一定期間ごとに固定の収入が入り、徐々にキャッシュが積み上がっていくのがストック型です。

ビジネスの寿命を長くするためにも、ぜひ「縦の収入を横に倒す」という発想を持つようにしてください。

「縦の収入を横に倒す」というのは、入ってきた新規顧客に継続サービスに移行してもらうか、別に継続利用してもらえるような仕組みをつくることです。

この考え方は、意外に個人事業主の抜けがちなポイントの一つになっています。

この前の項でもお話ししたように、まずは自分のビジネスを安定させ、小欲を満たしてからでないと、大きなことはできません。

「経営が安定していない」「資金が不足しがちだ」というようでは、結局、そちらに力を割かれてしまい、本領を発揮することができないのです。

私自身も、個人事業主として、自分の目指すビジネスを追求することができるのは、いくつかのストック型ビジネスを持っているからです。

私は、自分の好きなことができるよう、個人事業でもセミナービジネス、著者業、コミュニティ運営、紹介業…といったように、ビジネスを分散させています。

さらにクワドラントについても、S（個人事業主）、B（ビジネスオーナー）、I（投資家）に分散させていますし、それぞれのクワドラントの中でも、さらに分散させている、といった具合です。

このようにしておくことで、急なアクシデントや、何かの危機がやってきた際にも、共倒れしにくくなります。

実際、こうした安定化対策は、個人事業主だけでなく、大企業でもやっていることです。たとえば、出版社や新聞社の中には、本来の出版事業以外に、稼いだ利益の中から資金を出して土地を買い、不動産業を営んでいるところがあります。

書籍は、昨今の活字離れなどもあって、浮き沈みが激しいビジネスなのに対して、不動産ビジネスは、家賃収入が見込め、安定した収入源になります。

聞くところによると、ある大手出版社は、東京の一等地に自社ビルを持っていて、社内で一番重要な経営会議というのが、「どんな書籍を出すか？」ではなく「自社ビル内のテナントをどうするか？」についてなのだとか。

いずれにせよ、大手ですら、「縦の収入を横に倒している」わけですから、私たち個人事業主も、早めに考えていくべきことだと思います。

最大の障壁「時間がない」をどうすればいいか

サラリーマンからよく聞かれる質問の一つが、「副業をしたくても時間がない。どうしたらいいか？」というものです。

たとえ「副業をする時間がない」という場合でも、いきなり「時間がなくてもできる副業はないか？」と探し回るようなことはしないでください。

仮に「楽で」「簡単で」「誰でもできる副業」というものが最初からあるとしたら、

「その仕事は競争力がない」ということになります。

もともと競争力がない仕事ですから、それで高単価を望むことなどできません。後は、安い時給で数をこなすしかなくなります。

ただでさえ時間がないのに、その少ない時間を〝誰でもできる仕事〟で埋めてしまうことが、いかに誤った発想であるかが、ご理解いただけるでしょう。


初期ステージだけにしかない苦労は、買ってでも行うようにしてください。ここを経ることで競争力がつき、気づいたら「楽で」「簡単で」「でも、自分という存在感はある」と思える段階になりますから。


しかし多くの方は、場当たり的な行動をとった挙げ句、いつまでも中途半端な苦労をする道を選んでしまいがちです。

忙しい中にあっても、行動することで少しずつ状況を変え、チャンスをモノにするには、どうしたらいいのでしょうか？

事例として、第４章でもご登場いただいた、株式会社ＦｒｏｍＴｏの宮城浩さんの話を紹介しましょう。これは、宮城さんが初めてマーケティングの仕事を受注した時のことです。

フリーランスＳＥになったものの、複数の収入源を得たいと模索していた宮城さん。そんな時に、知人が「宮城君、ホームページ（ＨＰ）のデザインはできる？」と声をかけてきました。

実は宮城さんは、ＨＰのデザインは専門外でした。でも、とりあえず話を聞いてみようと思い、ＨＰをつくるデザイナーを探している会社の担当者に面会しました。

宮城さんが、担当者に「なぜＨＰをつくりたいのですか？」と聞くと、相手は「ＨＰをつくって集客をしたいから」だと答えます。

実のところ、その会社にはすでにＨＰがありました。ところが、放置されている状態だったために、反応がなかったのです。

宮城さんは、相手が本当に欲しいものは、ＨＰのデザインではなく、お客さんだということに気づきます。そこで、担当者にこう言いました。

「私にＨＰをつくらせてください。制作費はいりません。その代わり、集客に応じて、報酬をいただけますか？」と。

話はまとまり、宮城さんはディレクションに徹し、ＨＰの構成やデザインをすべて外注。売上も上がるようになって、初めての成果報酬を得たのでした。

チャンスをつかむためには、まずはそれがチャンスだと気づく必要があります。

この事例で学ぶべきポイントは、いきなり作業に取りかからなかったことです。

「見込客の本当に欲しいものは何か？」ということをまずは自問自答したのです。

もし今、「時間がない」「それでも副業をしたい」と考えている人がいるのなら、「忙しい」「暇がない」と言いながら、戦略なき行動に移して消耗しないでください。

ビジネスが軌道に乗って成長を始めると、やがてどんなに仕事を効率化しても、いずれは限界がやってきます。

もし、個人事業の業務が自分のキャパを超える状態になってきたらどうすればいいのでしょうか。

その答えは、「チームをつくる」こと。要は、他人にお願いするということです。

個人事業主の間は、やることを絞り、自分の得意分野に特化することで、顧客の要望に応じます。しかし、それでも仕事が手に余るようであれば、その時こそ、個人事業主からビジネスオーナーへの移行を検討すべきタイミングです。

「でも、この技術は私にしかできないことだから」と心配する必要はありません。

たいていは、自分がそう思い込んでいるだけです。

このような時は、「自分にしかできないことなどない」という前提に立ってみてください。そう思うことで、新しい発想からものごとを考えられるようになるでしょう。

将来的にビジネスオーナーを目指したい人は、ぜひこの考え方を持つように意識していただければと思います。

ビジネスパートナーはどうやって見つければいい？

忙しい個人事業主が、時間を短縮する上で重要なのが、ビジネスパートナーの存在です。ビジネスパートナーと組んで、お互いの仕事を補完し合うことで、業務量が少なくなり、かつ相乗効果も見込めます。

さらに、着目すべき点として、自分にはない能力を持つパートナーと組むことによって、自分一人では参入できない市場にもアクセスが可能になります。

たとえば、私はこれまでお金に関するビジネス書を3冊、出版していますが、私自身は金融業界で働いた経験はありません。それにもかかわらず出版できたのは、金融の専門家と組んだからです。

仮に、私が金融の勉強を一から始めようと思えば、何年も時間がかかります。時間が有限であることを考えれば、私が勉強するよりも、金融の専門家を連れてきたほうが、何倍も早く書籍化できます。

まったく同じ構図で、私はコンディションに関する書籍も出版しています。私自身はトレーナーでもありませんが、ダイエット講師と組んだことで、ビジネスパーソン向けの体調コントロール指南書という、新たなジャンルを切り開くことができました。

では、こうしたビジネスパートナーは、どのようにして見つければいいのかというと、基本的に、方法は2つしかありません。

それは、

1、商売を通じて、未来のビジネスパートナーを見つける

2、知り合いから紹介してもらう

この2つです。

1の「商売を通じて」というのは、自分がセールスをする立場の場合と、顧客になる場合の2種類あります。自分が顧客であれば、商品のよさも知っていますし、もちろん信用できる相手を選んで購入していますから、人選もすでにできています。

自分がセールスをした側であれば、当然、顧客の人となりも熟知しています。一番

オススメのビジネスパートナーの見つけ方です。

私がビジネスパートナーを選ぶ基準は、「万一のことがあっても、『この人に裏切られたら仕方がない』と思えるかどうか？」で判断するようにしています。一緒にビジネスをしていく以上は、それくらいの覚悟が必要だと考えています。

知人からビジネスパートナーを紹介してもらいたい時は、事前に「どんな人を求めているのか？」「その人に、どんな仕事をお願いしたいのか？」といった条件を、はっきりと説明できるように準備しておく必要があります。

相手から「どんな人を紹介してほしいですか？」と聞かれた際に答えられないようでは、相手も困ってしまうでしょう。

ビジネスパートナーを募る際、パートナーに求める性質とは、どのようなものが望ましいのでしょうか。

第一に、「自分とはまったく異なる得意分野を持つ人」であること。「同じ分野同士の人と組んで、強いライバルに対抗しよう」という考え方もありますが、たいていは顧客の奪い合いになったり、足の引っ張り合いになったりしかねません。

第二に、分かち合いの精神を持っている人であること。パートナーを募る以上、こちらはもちろんそのつもりでいますが、「独り占めしない」という発想は、ビジネスをする上で重要なポイントだと思っています。

私が常に考えているのは、「利益が半分になってもいいから、売上を2倍にできないだろうか?」ということです。要は、「10÷2」は5ですが、「5×2」をすれば、また10に戻る、という考え方です。

誰かと組むことで、組まなければ生まれることがなかった「5」を狙うのです。

たとえば、今までは一つのことをこなすのに、自分の10の力を使っていたとしましょう。それを、ビジネスパートナーと組むことによって5の力で済むようになれば、もう一つ、別の分野で5のエネルギーを使うことができる、というわけです。

ビジネスの関係は、仲良しクラブとは違います。それでも、このように考えることで、個人で営業している者同士であっても、いい関係を築くことができます。

個人事業主は、「自分一人で気ままにやりたい」「だからこそ独立した」と考えがちですが、それは同時に、「自分が自分の限界になる」ということでもあるのです。

成長が早い人は、そうでない人と何が違うのか？

私はこれまで、ビジネスを通じて、さまざまな人と関わってきました。その中で感じているのは、「人には成長が早い人と遅い人の2パターンがある」ということです。

見ていると、中にはグングン伸びていく人もいれば、何年経っても同じところをぐるぐると回り続けているような人もいます。

その違いが何かというのは、個人的には「フィードバックを受けているかどうか?」の差だと考えています。

成長が早い人は、フィードバックをもらえる環境を必ずつくっています。フィードバックというのは、人の評価や顧客の声などのことです。

こちらが取ったアクションに対してどうだったのか、という意見をもらうことで、次への行動に活かします。「アクション→フィードバック→リプライ」という、この繰り返しが、成長を促進させるのです。

ただし、フィードバックは「どこから受けても有効なのか？」と言えば、そういうわけではありません。実質、有効なルートというのは2つだけです。それは、

1、すでにそれを達成した経験者からのもの

2、顧客や見込客からのフィードバック

この2つです。

これ以外のフィードバックは、逆に、かえって判断を誤らせることがあります。

たとえば、あるサラリーマンが「独立・起業したい」と思ったとします。

この時に、独立のことを、サラリーマンをしている両親や同僚、友人などに相談しても、引き止められるのがオチでしょう。独立したことがない人たちに、「独立したい」と言ったところで、正しいフィードバックを受けられないのは当然のことです。

この場合は、実際に独立している人に聞くことで、初めて有効なフィードバックを得られるわけです。

師匠から、あなたを引き上げるためのアドバイスを受けた際に、最も必要なのは何だと思いますか？

それは、ずばり「スピード」です。

アドバイスを受けたらすぐに実践し、実践結果を師匠に報告してみてください。師匠にもプライドがありますから、たとえあなたのミスで効果が出なかったとしても、自分がアドバイスしたのに残念な結果に終わることだけは許せないはず。

もし、「A」というアドバイスを実践して、師匠が納得できるレベルに到達していない場合は、「B」という代替手段か、「A'」にさらに磨きをかけた方法を教えてもらえることでしょう。

これが、「学び」で終わるのか、それとも「得する学び」が得られるのかの分岐点です。

セールスを行う際も、顧客や見込客からのフィードバックが欠かせません。「なぜ買ったのか？」「なぜ買わなかったのか？」という理由を明らかにした上で、改善策を講じなければ、次もまた同じ理由で買ったり、買わなかったり、ということを繰り返しがちになります。

フィードバックをもとに改善していくことで、どんどん成約率も上がっていく、ということです。

「購入しようかどうか迷っている」という人に対しては、必ず「どの点がクリアになれば、判断できますか？」と質問するのが有効です。

セールスで「買うか買わないか」は、相手に100％決定権がありますが、相手が「迷っている」というのは、判断材料が揃っていないことを意味します。

ところが、迷っている人に限って、「自分が何に迷っているのかがわからない」ということが、結構あります。

「NO」でもかまわないので、ご判断いただくこと。これがセールスの要です。

たとえば、私の副業オンラインアカデミーの認定コーチである永井優人さんが、以前、見込客にマネープランのコミュニティを紹介した時のこと。相手は迷って、なかなか返事をくれませんでした。

「なぜ、決められないのかわからない」という相手に、永井さんが深掘りをしていったところ、相手は「コミュニティ運営者がどういう人かわからない」と不安に感じていることがわかってきました。

そこで、永井さんは運営者に関する資料や、インターネットに出ていたインタビュー記事などを集めて見込客に渡したところ、相手も「この人なら大丈夫だ」と安心して成約になった、ということです。

ちなみに、永井さんはマーケティング活動を一切行っておらず、今はもっぱらセールスだけに特化しています。

セールスで気をつけなければいけないのは、リストの枯渇ですが、見込客リストを枯渇させないのには、コツがあります。

それは、「新しいフィールドでの新規顧客開拓」「イベントの主催による新しい価値の提供」「既存顧客からの紹介」という、主にこの3つのルートで、見込客を増やす努力をすることです。

永井さんがセールスを始めて、わずか2年で独立にこぎつけたのも、果敢に「アクション→フィードバック→リプライ」を繰り返してきた結果であることは、間違いありません。

口下手は、コミュニケーションには影響しない

少し大きな書店のビジネス書コーナーに行くと、たいてい、コミュニケーションに関するコーナーが設けられています。そこにズラリと並んだ書籍を見れば、世間のコミュニケーションに対する関心が高いことがわかります。

本来、コミュニケーションの本質とは、相手に興味・関心を持つことです。事実、人は自分に興味を持ってくれた人に対して、興味を向けるものではないでしょうか。セールス・マーケティングの根底にも、まったく同じ考え方が流れています。マーケティングとは、自分が貢献できる相手を見つける作業のことであり、セールスとは、実際に目の前の相手に貢献することに他なりません。

もし、本書を読んでいる人の中で、「自分はコミュニケーションが苦手だ」と思っている人がいたら、これからたった一つのコツを意識してみてください。
それは、「インタレスト（相手への興味）」と「リスペクト（相手への敬意）」の2つを意図的に取り入れることです。

どうしたら相手がこちらのインタレストやリスペクトを感じられるのかというと、基本的には態度で示すしかありません。その一つが〝傾聴〟です。
傾聴を態度で示すには、「メモを取る」「話し手のほうにカラダを傾ける」「相槌を打つ」等々、いろいろ方法はあると思います。

このように書くと、どうしても「話す時はアイコンタクトをすればいい」とか「顔の角度は何度に傾ける」などといった、方法論に傾きがちになります。しかし、杓子定規に同じことさえしていればいいかというと、そうとは言えません。

たとえば、コミュニケーションの相手が家族だった場合、メモを取るのはおかしいですし、ずっとアイコンタクトをしていたら、かえって変に思われるでしょう。大事なことは、相手に合ったコミュニケーションを心がけるということ。相手のことを考え、こちらが相手に興味と敬意を持っていることがしっかり伝わるようなコミュニケーションの取り方を身につけたいものです。

少し、事例をお話しすることにしましょう。前の項に引き続き、副業オンラインアカデミー認定コーチの永井さんのエピソードです。

最初に会った時は、私と目も合わせないほど、シャイな青年でした。

本人曰く「もとは無表情で口下手だった」ということですが、セールスをするにあたり、「どうしたら相手が本心を語ってくれるか?と考えた」と言います。

コミュニケーションの取り方について、注意を向け始めた永井さんは、友だちと飲んでいて、男性だけの時よりも、女性も参加した会のほうが盛り上がることに気づきます。

「会が盛り上がるのは、女性のコミュニケーション方法に秘密があるに違いない」と思った永井さんは、次の飲み会の時に、女性がどのようにして周りの人とコミュニケーションを取っているのかを観察し、あることに気がつきました。

それは女性のリアクションのほうが、男性よりもかなり大きい、ということでした。

「女性が、何でもないことでも『え！　すごい』と大袈裟に反応すると、言われたほうもテンションが上がって、どんどんしゃべるようになる。この方法なら、口下手な自分でもうまくいくんじゃないか」と考えたそうです。

早速、友だちと2人で飲みに行った際に、勇気を奮ってオーバーリアクションをしてみたところ、友だちのリアクションは上々。永井さんは、「相手の受け止め方がここまで違うことに驚いた」そうです。

以来、オーバーリアクションを実践し続け、初対面の人ともすぐに打ち解けられるようになった、ということです。

では、せっかくですから、私から「今すぐできる！　コミュニケーションの達人になる〝さしすせそ〟」を紹介したいと思います。

・さ→「さすがです」
・し→「知りませんでした」
・す→「すごい！」
・せ→「世界が広がりました」
・そ→「そうなんですね」

この5つのワードを会話の中に織り交ぜれば、話し手は喜び、会話も弾むに違いありません。

こんな逸話があります。知り合いの編集者から聞いたところによると、ある新聞記者が、この「さしすせそ」を実践した結果、ついには新聞社の社長にまで上り詰めたのだとか。

その効果は折り紙付きですから、コミュニケーションに困っている人は、ぜひお試しあれ。

おわりに

人手不足の昨今は、さまざまな業務が機械やＡＩに取って代わられつつあります。２０１３年に英オックスフォード大学のマイケル・Ａ・オズボーン准教授（当時）が、「10～20年後に、米国の全雇用の約47％が、自動化によってなくなるリスクがある」と発表したレポートが、世間に与えた衝撃は大きなものでした。

多くの人が恐れているように、いつかは、ＡＩが人間に取って代わる未来がやってくるのかもしれません。

セールスの現場にも、いずれ人間不在の時代がくるのでしょうか？

終わりに

本来、「商品と、それを必要としている人をつなぐ」というのがセールスの本質です。

セールスが、顧客との信頼関係があって初めて成り立つ、問題解決型のコンサルティングサービスである以上、すべてをＡＩに置き換えることは難しいでしょう。

他人の人生を変えるようなサービスは、やはり人間にしかできないのではないでしょうか。

それだけ、人間は多様な存在だということです。

本書では、副業として個人事業を始める際に、知っておくべきことを余す所なく述べてきました。

副業とは、自分の内に目を向けて、本当の自分を見つける行為のことであり、かつ会社の外へと目を向けて、自分の本当の顧客を見つける行為でもあります。

あなたが、副業を始めるのに必要な知識は、本書の中に書きました。

後は、実践あるのみです。


世の中はもう、かつてのような大企業がマス・マーケティングを行い、同じ商品を大量に売っていくような時代ではありません。ウィズ・コロナ時代を経て、大量生産・大量消費時代は終わりを告げようとしています。

ニーズが多様化している今こそ、個人事業主が求められています。

大企業に代わって、顧客の細かなニーズに応えられるのが、スモールビジネスを営む個人事業主なのです。


個人事業主の勝ちパターンとは、自分の専門分野に特化することです。

つまり、一人の個人事業主が生まれれば、その人を支えるための事業が、派生的に生まれます。

以後は、ニッチに応えるためのスモールビジネスと、それを取り囲む小さな商圏が、無数に生まれるでしょう。

社会がどのように変わろうとも、必ず必要になるのが、商品の告知とセールスです。

実際、これまでも、世の中は口コミで成り立ってきました。口コミをパターン化し、継続的に行っていくことが、マーケティングであり、セールスなのです。

セールスが、経済の根幹を支える一翼を担っている以上、重要性が増すことはあっても、なくなることはありません。もちろん、部分的には機械やＡＩに取って代わられますが、すべてがそうなるわけではないはずです。

多くの新しいスモールビジネスが生まれれば、その分だけ、セールスとマーケティングが必要になります。以後は、今まで以上に、この２つが求められるようになるのは間違いありません。

これだけ、需要がある割に供給が少なく、将来性もあって、かつ強力なライバルも少ない分野は、そうはないでしょう。

これをやらない手はないと思うのですが、いかがでしょうか。

仕事は、世直し。

誰かの未来をよりいいものに変えるために、あなたが手助けをし、相手はあなたの手を借りることで、できないことができるようになる。これは、とてもエキサイティングなことです。

あなたと、あなたの周りの人すべてが、笑顔であふれる未来になりますように。

令和2年5月吉日　俣野成敏

読者のみなさまへ《無料》3大プレゼント

① 各種フォーマットのダウンロード権

本書で取り扱った【重要】箇所をダウンロードし、今すぐご活用いただけます。手帳やノートに貼って見返すための「セールス」と「マーケティング」の解説図、及び、主要ワークをダウンロードしてください。
《セールス編》売れる仕組みをつくる／《マーケティング編》自分メディアをつくる
欲と恐怖シート／見込客リスト／ペルソナ設定シート

②「セールス副業」 成功事例 対談（動画：30分程度）

本書に事例として登場した、永井優人さんと著者との対談です。口下手の理系男子だった永井さんが、本書ノウハウを実践して2年後に独立へ。本書のノウハウの活用の仕方など、あなたのお役に立てる話をお届けします。

③「YouTuber副業」成功事例 対談（動画：30分程度）

本書にも事例として登場した深井裕樹さんと著者との対談です。著者が経営する会社の1つに入社し、何度も挫折を味わった深井さんが、会社公認の副業から、どのような道を辿って人気YouTuberになったのか？書籍には書けなかった話もココで聴いてください。

いますぐ下記URLにアクセスして、読者特典のプレゼントを受け取ってください。予告なく終了、または内容を変更することがございます。このチャンスをお見逃しなく！

《特典ダウンロードURL》
http://www.matano.asia/fukugyo

保　野　成　敏

（Narutoshi Matano）

ビジネス書著者／投資家／ビジネスオーナー
30歳の時にリストラに遭遇。同時に公募された社内ベンチャー制度で一念発起。年商14億円の企業に育てる。33歳で東証一部上場グループ約130社の中で現役最年少の役員に抜擢、さらには40歳で本社召還、史上最年少の上級顧問に就任。独立後は、フランチャイズ2業態6店舗のビジネスオーナーや投資家としても活動。投資にはマネーリテラシーの向上が不可欠と感じ、その啓蒙活動にも尽力している。自著『プロフェッショナルサラリーマン』が12万部シリーズ、共著『一流の人はなぜそこまで、◯◯にこだわるのか?』が13万部のシリーズに。近著では『トップ1%の人だけが知っている』（日本経済新聞出版）のシリーズが12万部となる。自著と共著を交えた異なる3分野でベストセラーシリーズを放ち、著作累計は47万部に。ビジネス誌の掲載実績多数。『MONEY VOICE』『リクナビNEXTジャーナル』等のオンラインメディアにも多数寄稿。『まぐまぐ大賞（MONEY VOICE賞）』を4年連続で受賞している。
2020年より、サラリーマン以外の本業をつくるための副業オンラインアカデミー『The Second Phase(TSP)』を創設。数多くのサラリーマンが集っている。

サラリーマンを「副業」にしよう

2020年7月3日　第一刷発行

著　者　　保野成敏
発行者　　長坂嘉昭
発行所　　株式会社プレジデント社
〒102−8641　東京都千代田区平河町2−16−1平河町森タワー13階
https://www.president.co.jp　https://presidentstore.jp
電話：編集(03) 3237−3732　販売(03) 3237−3731
編集協力　森田朱実
装　丁　　長健司
イラストレーション　伊藤逸雄
販　売　　高橋徹　川井田美景　森田巌　末吉秀樹　神田泰宏　花坂稔
編　集　　桂木栄一
制　作　　小池哉
印刷・製本　株式会社ダイヤモンド・グラフィック社

ISBN978-4-8334-2370-0　Printed in Japan
落丁・乱丁本はおとりかえいたします。